NAPOLÉON III

Paris, typ. Alcan Lévy, boulev. Pigalle, 50.

PANTHÉON DE LA LÉGION-D'HONNEUR

NAPOLÉON III

PAR

M. A. DAVONS

ET

M. AMÉDÉE BOUDIN

EN VENTE AU BUREAU

DU PANTHÉON DE LA LÉGION-D'HONNEUR

10, Boulevard Montmartre, 10

PARIS—1865

— Tous droits réservés —

NAPOLÉON III

—

I

NAPOLÉON III (Charles-Louis-Napoléon-Bonaparte) (1), empereur des Français, né à Paris, au palais des Tuileries, le 20 avril 1808, est le troisième fils de Louis Bonaparte, roi de Hollande, frère de Napoléon Ier, et d'Hortense-Eu-

---

(1) Depuis la mort de son frère, le prince Charles-Louis-Napoléon Bonaparte signa son nom ainsi : « Napoléon-Louis Bonaparte. » En effet. l'empereur avait décidé que l'aîné de la famille s'appellerait toujours Napoléon, et le prince étant, d'après les lois du sénatus-consulte de 804, l'aîné des fils de la famille impériale, il avait, d'après le désir de son père et de sa grand'mère, changé sa signature.

génie de Beauharnais, fille de l'impératrice Joséphine. Il fut baptisé à Fontainebleau, en 1811, par le cardinal Fesch, son oncle, et tenu sur les fonts baptismaux par l'empereur et l'impératrice Marie-Louise. Sa naissance fut célébrée comme celle d'un héritier du trône; des salves d'artillerie l'annoncèrent dans tout l'empire, depuis Hambourg jusqu'à Rome, des Pyrénées au Danube; car Napoléon 1er voyait dans les fils de ses frères, que le plébiciste de l'an XII appelait à lui succéder, les héritiers futurs de sa pensée, de son nom et de son pouvoir. Un registre de famille, destiné aux enfants de la dynastie impériale, fut déposé au Sénat comme le grand livre des droits de successibilité. Le nouveau prince Louis-Napoléon y fut inscrit le premier avec toute la pompe d'une consécration. Le roi de Rome y prit seul place après lui. La reine Hortense donna à l'éducation de son fils une direction grave et sévère. Destiné à régner, le jeune prince fut de bonne heure élevé sans mollesse, comme un enfant du peuple. Il eut pour premier gouverneur M. l'abbé Bertrand, et pour premier maître le célèbre helléniste M. Hase, qui lui apprit les langues anciennes. L'empereur, qui aimait tendrement ses neveux, surtout le jeune Louis-Napoléon, les traitait toujours, même après la naissance du roi de Rome, comme les continuateurs de sa race. A son retour de l'île d'Elbe, il les revit avec d'autant plus de joie qu'il était privé de son fils, retenu en Autriche. Il les gardait toujours auprès de lui, les comblait de caresses, les présentait au peuple, comme pour les placer sous l'égide de la patrie. Dans l'imposante cérémonie du champ de mai, il les avait à ses côtés comme un gage de son alliance avec la nation; il les présenta de nouveau aux députations de l'armée et du peuple.

Le prince Louis-Napoléon avait sept ans à peine quand le désastre de Waterloo lui fit prendre le chemin de l'exil. Il ne voulait point quitter la France, et la reine Hortense eut toutes les peines du monde à le consoler. Lorsque l'empereur l'embrassa à la Malmaison pour lui faire ses adieux, qui devaient être éternels, il fallut l'arracher de ses bras; il refusait de se séparer de lui, et criait, en pleurant, qu'il voulait aller tirer le canon... Les souvenirs que le prince emporta de ces jours néfastes sont, dit-on, restés ineffaçables dans son esprit. La patrie fut toujours présente à sa pensée, aussi bien que la noble figure de l'empereur. Sa nouvelle vie, loin du pays natal, développa ses heureuses dispositions et l'énergie de son caractère. La reine Hortense, qui avait pris le nom de duchesse de Saint-Leu, se retira successivement à Genève, à Aix en Savoie, dans le duché de Bade, et habita longtemps Augsbourg, où le jeune Louis-Napoléon fut confirmé, dans la cathédrale, par l'évêque de cette ville, sous le patronage de son oncle, le prince Eugène. Plus tard, elle passa en Suisse (1824), où il lui fut permis de fixer définitivement sa résidence dans le canton de Thurgovie, sur les bords du lac de Constance, au château d'Arenenberg, qu'elle habita jusqu'à la fin de sa vie. Ne modifiant rien de sa méthode éclairée d'éducation mâle, elle entoura son fils de sa plus vigilante sollicitude. En fortifiant le corps par tous les exercices gymnastiques, l'escrime, la natation, l'équitation, dans lesquelles il acquit une supériorité prodigieuse, on nourrissait son esprit de l'instruction la plus solide. M. Lebas, professeur à l'Athénée de Paris, et maître de conférences à l'École Normale, fut chargé de la direction de ses études classiques.

Le prince suivit tous les cours du gymnase d'Augsbourg, et ce fut en allemand qu'il fit ses humanités grecques et latines. Les langues vivantes lui devinrent également familières; il montra surtout une aptitude singulière pour l'histoire et pour les sciences exactes. En Suisse, il profita du voisinage de Constance pour se rompre aux exercices militaires avec le régiment badois en garnison dans cette ville. Il suivait, en même temps, un cours de chimie et de physique sous les leçons de M. Gastard, français distingué qui dirigeait une manufacture dans ce pays. Plus tard, il fut admis au camp fédéral de Thun, canton de Berne, que la Suisse dressait chaque année pour l'instruction des officiers du génie et de l'artillerie, sous la direction du brave général Dufour. Manœuvres, instructions et courses dans les glaciers, le prince prit part à tout, le sac sur le dos, mangeant son pain de soldat, la brouette ou le compas à la main. L'art de l'artillerie fut particulièrement l'objet de ses études, et il y puisa des connaissances qui devaient lui inspirer son *Manuel d'artillerie à l'usage des officiers d'artillerie de la République helvétique* (Zurich, 1836).

Lors de la révolution de juillet, Louis-Napoléon et son frère sollicitèrent du gouvernement français l'autorisation de rentrer en France. On leur répondit par un refus. Trompés dans leurs illusions de retour sur le sol natal, ils tournèrent leurs regards vers l'Italie, où la révolution de 1830 avait eu son contre-coup. Ils passèrent en Toscane, prirent part à l'insurrection des États pontificaux, se distinguèrent dans plusieurs rencontres, et marchèrent sur Rome à la tête de colonnes de révoltés qui assiégèrent Civita-Castellana. Mais le gouvernement révolutionnaire rappela les deux princes à Forli, où l'aîné, saisi d'une maladie subite, mourut dans les bras de son frère, après deux jours d'affreuses souffrances. Louis-Napoléon, qui s'était retiré à Ancône, y tomba lui-même malade de fatigue, d'accablement, et de la double désolation de l'esprit et du cœur, comme patriote et comme frère. Sur ces entrefaites, l'armée autrichienne s'empara d'Ancône. Il fallut toute la présence d'esprit et toute la force d'âme de la reine Hortense pour sauver le seul fils qui lui restait. Elle fit courir le bruit que le prince s'était réfugié en Grèce, et, quoique logée dans le voisinage du commandant des troupes autrichiennes, elle parvint, au milieu des plus vives inquiétudes, à dérober son cher malade à tous les yeux. A la faveur d'un déguisement et d'un passeport anglais, elle lui fit traverser, non sans danger, une grande partie de l'Italie, et, bravant la loi de bannissement qui lui interdisait la France, elle le conduisit d'une traite à Paris. Le gouvernement permit aux deux fugitifs de rester huit jours incognito à Paris. Au bout de ce délai, ils s'embarquèrent pour l'Angleterre, d'où ils repassèrent peu après en Suisse.

Vers la fin de 1831, Louis-Napoléon reçut une députation secrète de Polonais, qui lui était envoyée de Varsovie, pour lui proposer de se mettre à la tête de la nation en armes. Les malheurs de l'insurrection italienne l'avaient rendu défiant envers la politique du Palais-Royal. Son nom de Napoléon Bonaparte pouvait porter ombrage et décider, auprès du gouvernement français, l'abandon de la Pologne; le prince se vit obligé de décliner l'honneur et la gloire de la délicate mission qu'on lui offrait, et cependant, la lettre des chefs polonais au prince était conçue en des termes bien faits pour séduire sa nature chevaleresque. « A qui la direction de notre entreprise, y était-il dit, pourrait-elle mieux être confiée qu'au neveu du plus grand capitaine de tous les siècles? Un jeune Bonaparte apparaissant sur nos plages, le drapeau tricolore à la main, produirait un effet moral dont les suites sont incalculables. Allez donc, jeune héros, espoir de notre patrie ; confiez à des flots, qui connaîtront votre nom, la fortune de César, et, ce qui vaut mieux, les destinées de la liberté. Vous aurez la reconnaissance de vos frères d'armes et l'admiration de l'univers. » Malgré les motifs de haute raison politique qui avaient comprimé l'élan du jeune prince, il ne put résister aux regrets amers qu'il avait de ne pas verser son sang pour la malheureuse Pologne. Voulant au moins combattre en volontaire, il s'était soustrait aux regards vigilants de sa mère; il l'avait quittée subitement, sans lui faire ses adieux, lorsqu'il apprit que Varsovie était au pouvoir des Russes. C'est alors qu'attribuant son expulsion de France à sa qualité de prince, il tenta d'y rentrer comme simple citoyen. La loi de bannissement contre la famille Bonaparte (1832) détruisit cette dernière espérance.

La mort du duc de Reischstadt (22 juillet 1832) vint en faire un compétiteur redoutable pour la royauté de juillet. Aussi plusieurs agents diplomatiques furent-ils envoyés en Thurgovie pour sonder les dispositions morales du prince. Un premier secrétaire de l'ambassade française à Londres, homme de confiance du prince de Talleyrand, vint s'établir pendant quelque temps à peu de distance du château de la reine Hortense, dans le château-hôtellerie du Volsberg. La conduite calme et tranquille du neveu de l'empereur déjoua toutes les intrigues qui s'agitaient autour de lui. Il fit preuve de beaucoup d'esprit et de tact; et, sans s'inquiéter de l'espionnage politique dont il était entouré, il se livra avec une nouvelle ardeur à ses travaux les plus sérieux. Sa bourse était toujours ouverte à toutes les infortunes patriotiques ; tous les débris errants de la Pologne qui passaient par Constance étaient hébergés à ses frais et repartaient chargés de ses dons; toutes ses ressources y passaient. Un jour il envoya un nécessaire en vermeil au comité polonais de Berne,; ce nécessaire était d'une valeur inestimable; il avait appartenu à l'empereur Napoléon. On en fit une loterie qui produisit 20,000 francs. A cette même époque, une commission fut instituée à Paris sous la présidence de M. de Lafayette pour la mise en loterie d'une foule d'objets précieux d'art au profit des détenus politiques et des journaux patriotes. Le comte de Survilliers (Joseph Bonaparte) envoya de Londres une croix d'honneur de l'empereur Napoléon qui fut déposée entre les mains de M. Belmontet. Le prince Louis-Napoléon fit l'offrande d'un magnifique sabre damassé, sur la lame duquel étaient gravés unis ensemble les emblèmes du Consulat et de l'Empire.

Cependant, les études philosophiques et les travaux d'économie politique du prince ne tardèrent pas à porter leur fruit. Les *Considérations politiques militaires sur la Suisse*, œuvre qui annonçait un beau talent de penseur et d'écrivain, firent une grande sensation dans le monde diplomatique et parmi les gens de guerre. « D'une part, dit un écrivain, toutes les constitutions des différents cantons y étaient examinées, décrites et analysées avec une sagacité bien étonnante dans un si jeune publiciste. On y reconnut le coup-d'œil et la raison éclairée d'un homme d'État déjà mûr ; les hautes vues y abondaient. L'Helvétie en fut vivement frappée, elle y applaudit avec chaleur, car elle entrevit dans cette brochure les éléments d'une meilleure organisation républicaine dans l'avenir. D'une autre part, la question militaire y était traitée d'une manière large et savante. Le prince y établissait un système de ligne de défense qui, franchement adopté par la Diète helvétique, rendrait la république presque inabordable aux hostilités des puissances absolutistes. Cette partie de la brochure a des traits qui rappellent le fameux chapitre de Bonaparte sur le système défensif de l'Italie ; la parenté est dans l'âme comme dans le sang. » Le gouvernement helvétique décerna, par acclamation, au proscrit qui payait si bien la dette de l'hospitalité, le titre honorifique de citoyen de la République suisse ; qualité qui n'entraînait pas la naturalisation. Deux ans plus tard (juin 1834), le prince fut nommé capitaine d'artillerie au régiment de Berne.

C'est à la même époque que se rapportent : *Rêveries politiques*, suivies d'un *Projet de constitution ; Deux mots à M. de Châteaubriand sur la duchesse de Berri*, en vers (1838, in-8º). La presse, surtout dans le camp de l'opposition, accueillait avec faveur ces ouvrages, dont Armand Carrel disait dans le *National :* « Ils annoncent une bonne tête et un noble caractère. Il y a de profonds aperçus qui dénotent de sérieuses études et une grande intelligence des temps nouveaux. » Lorsque le triomphe de la cause constitutionnelle en Portugal eut remis sur son trône la jeune reine dona Maria, et qu'il fut question de lui donner un époux, les Portugais jetèrent les yeux sur le prince Louis-Napoléon, dont le caractère loyal et l'énergie leur présentaient les garanties les plus sûres pour l'indépendance et la liberté de leur patrie. Mais le neveu de Napoléon, loin de céder aux séductions d'une position aussi brillante, refusa la couronne pour deux raisons pleines de noblesse d'âme et de dignité patriotique : l'une, c'est qu'il ne voulait accepter aucune élévation qui séparât son sort et ses intérêts des intérêts et du sort de la France ; l'autre, c'est qu'il était décidé à éviter toute concurrence avec son cousin le prince de Leuchtemberg, fils du prince Eugène.

Après la mort du jeune duc, enseveli si vite dans sa royauté, mêmes propositions et mêmes instances de la part du Portugal : même refus désintéressé de la part du prince Louis-Napoléon. Les journaux publièrent à ce sujet, en décembre 1835, une lettre de lui, qui respirait les plus purs sentiments d'honneur national et d'amour de la France. Vers la fin de cette même année, l'illustre proscrit se plaçait au premier rang des écrivains et des tacticiens militaires par la publication de son Manuel d'artillerie, déjà mentionné. Le *Spectateur militaire*, la presse nationale de France, les journaux suisses et anglais en parlèrent comme d'une œuvre capitale, comme du meilleur traité d'artillerie qui existât en Europe. Il fallait la réunion d'une infinité de connaissances exactes et la capacité d'une haute intelligence pour une si remarquable production. C'est, en effet, un cours à l'usage de toutes les nations modernes ; mais on y voit que, pour le jeune auteur, la France était toujours à l'horizon de sa pensée. — Il y explique, de la manière la plus lumineuse, le génie de Napoléon dans ses grandes manœuvres de ses grands jours de victoire. C'est par la science des projectiles que l'Empereur a décidé si souvent du destin de l'Europe. Son neveu trace rapidement à grands traits le précis historique de cet art depuis son invention. Il a puisé aux sources les plus précieuses pour composer de ces éléments divers un tout homogène et complet. Il a consulté une foule d'ouvrages allemands, italiens et français dans les langues originales.

II

Cependant, le prince Louis-Napoléon, qui songeait à reconquérir un trône, noua des relations, aux eaux de Bade, avec des officiers de la garnison de Strasbourg, particulièrement avec le colonel Vaudrey, commandant du 4e régiment d'artillerie, dans lequel Napoléon Ier avait fait ses premières armes. Il fit faire au lieutenant-général Voirol, qui commandait le département du Bas-Rhin, des ouvertures repoussées aussitôt et même dénoncées au préfet d'abord, puis au ministère. Le prince n'en fit pas moins un voyage secret à Strasbourg, pendant lequel il arrêta un plan chez le colonel Vaudrey. Quittant Arenenberg et sa mère, sous le prétexte d'une partie de chasse, le 25 octobre, il pénètre de nouveau à Strasbourg, le 28, à dix heures du soir. « Il trouve, dit un écrivain, le colonel Vaudrey découragé, ne voyant qu'obstacles et impossibilités,

et ne lui offrant qu'un dévouement sans espoir. »
La résolution de celui que la reine Hortense appelait « *son doux entêté* » demeure inébranlable. D'ailleurs, l'enthousiasme moins réfléchi du lieutenant Parquin et l'esprit de décision de M. de Persigny l'encouragent, et le lendemain, dans une délibération générale, on convient de toutes les mesures de détail.

Le 30 octobre, à cinq heures du matin, on venait à peine de sonner la diane, qu'un grand tumulte retentit dans le quartier du 4e régiment d'artillerie, à Strasbourg. A la voix de leur colonel, les soldats se rassemblent dans la cour de la caserne, attendant avec émotion l'explication de cette scène. Tout à coup Louis-Napoléon paraît en uniforme d'officier d'artillerie, et, après une fanfare de trompettes, lit une proclamation à laquelle la troupe répond par les cris de *Vive l'Empereur!* Encouragé par ce premier succès, le prince, accompagné du colonel Parquin et d'une escorte, se dirige vers l'état-major de la place. Le poste présente les armes en répétant les mêmes acclamations; Louis-Napoléon monte chez le général Voirol, qui, sur son refus de prendre part au mouvement, est retenu prisonnier dans son hôtel, cerné par les canonniers. Enlever le bataillon de pontonniers, s'emparer du télégraphe, arrêter le préfet, imprimer les proclamations, tout cela se fit avec la rapidité de l'éclair. Déjà la colonne qui suivait Louis-Napoléon était parvenue à la caserne Finkmatt, occupée par le 46e de ligne ; déjà les fantassins obéissaient à l'entraînement général, quand la présence du lieutenant-colonel Taillandier changea subitement la face des choses ; et dans une minute tous les conjurés furent saisis, puis dépouillés de leurs décorations par le 46e. A la nouvelle de l'arrestation du prince, le 3e d'artillerie, ainsi que les pontonniers, conduits par Laity, se dispersèrent, et celui-ci alla se livrer aux vainqueurs. Enfin, Madame Gordon, arrêtée au moment où elle brûlait des papiers importants, favorisa l'évasion de M. de Persigny, en occupant l'attention des gardes. Après avoir fait enfermer les rebelles dans la prison de la ville, le général Voirol passa les troupes en revue sur la place d'Armes, aux cris répétés de *Vive le roi* ! et fût convaincu qu'il y avait surprise plutôt que trahison préméditée. Le 1er novembre, le ministère apprit dans la matinée, par le télégraphe, la tentative de Strasbourg, et le soir il reçut la dépêche du général Voirol. En laissant arriver le dénouement de ce complot, le pouvoir n'avait pas prévu les embarras qu'il se créait. Quelle mesure allait-on prendre à l'égard de Louis-Napoléon Bonaparte? Le traduirait-on devant la Cour des pairs ou devant le jury? ou bien ne le jugerait-on pas? Les avis furent partagés au sein du conseil; l'idée du jury était imprudente. En assurant l'impunité au chef des conjurés, on violait le principe d'égalité devant la loi, en même temps qu'on préparait l'acquittement des complices. La cause appartenait donc à la juridiction de la chambre des pairs. — On n'avait encore rien statué sur le sort du prince, quand la duchesse de Saint-Leu arriva à Paris, sous un nom supposé, pour solliciter la grâce de son fils. Touché par les larmes de cette mère infortunée, le roi décida que Louis-Napoléon serait transporté en Amérique sur un bâtiment de l'État. « Loin d'acheter sa grâce par des conditions, dit un biographe (1), il avait réclamé vivement d'être mis en jugement avec ses amis. Seulement, quelques expressions de gratitude conte-

(1) M. Vapereau.

nues dans une lettre au roi furent plus tard interprétées par le gouvernement comme une sorte d'engagement de ne plus rien tenter contre lui. » Quant aux complices de la conspiration, ils furent traduits devant les assises de Colmar; mais comme on ne pouvait prononcer une condamnation à leur égard, alors que le chef était mis hors de cause, un acquittement solennel fut la conséquence de la générosité du pouvoir.

Conduit de Paris à Lorient et embarqué sur la frégate l'*Andromède*, Louis-Napoléon arriva à New-York après cinq mois de navigation. Il y était à peine depuis un mois et s'apprêtait à visiter l'Amérique septentrionale, quand il revint en toute hâte à Arenenberg pour recevoir le dernier soupir et le dernier baiser de sa mère (3 octobre 1837).

Le gouvernement français, inquiet du voisinage du prince, demanda son éloignement à la Suisse, et M. de Montebello, notre ambassadeur, fut avisé de prendre ses passeports en cas de refus. Le canton de Thurgovie et le gouvernement fédéral résistèrent en effet aux injonctions du cabinet des Tuileries, préférant la gloire d'une défaite à la honte d'expulser un citoyen, car le grade de Louis-Napoléon dans l'armée suisse lui donnait les droits attachés à ce titre. Un conflit était imminent, et 25,000 hommes étaient déjà réunis sur nos frontières; mais le prince s'éloigna noblement d'un pays où sa présence pouvait causer les plus grands malheurs. Il partit pour l'Angleterre et s'installa à Londres, où les plus vives sympathies l'accueillirent. Là, reprenant ses habitudes de travail, il publia les *Idées napoléoniennes* (1839), son œuvre capitale, qui eut un immense retentissement, de nombreuses éditions, et fut traduit dans presque toutes les langues de l'Europe. C'est une savante étude sur l'Empire, donnant l'explication de son esprit, l'analyse de ses institutions, la nomenclature de ses créations, ses principes, ses moyens, ses obstacles et son but définitif.

La publication de cet ouvrage ranima le zèle des partisans du prince Louis-Napoléon, qui fondèrent alors le journal le *Capitole* dans la vue de propager les principes du gouvernement napoléonien. Le prince, séduit par la grandeur apparente du but qu'on lui annonçait, se laissa attirer dans cette entreprise, qui lui absorba des sommes considérables. Le *Capitole*, bientôt abandonné, fut remplacé par une revue mensuelle dont le premier numéro parut, en juillet 1840, sous le titre de : l'*Idée napoléonienne*. Mais le projet de la tentative de Boulogne arrêta court cette revue.

En effet, le prince avait toujours les regards tournés vers la France, et l'échec de Strasbourg n'avait pas découragé un esprit aussi ferme, aussi résolu. Les événements de 1840 lui paraissaient favorables à sa cause. Le gouvernement de juillet remuait vivement les souvenirs du peuple pour la gloire impériale; le prince de Joinville allait ramener en France les cendres de Napoléon pour les placer aux Invalides, où un riche tombeau devait être élevé pour les recevoir. D'un autre côté, le traité du 15 juillet, qui excluait la France du concert européen, avait semé dans le pays des germes de mécontentement. Telle était la situation des esprits, quand Louis-Napoléon résolut d'agir.

Cette fois, tout sembla complétement prévu, pour que le concours qu'il s'était ménagé sur les côtes de France assurât le succès de l'expédition nouvelle. Le commandant Col-Puygélier était le seul homme qui eût de l'influence sur le bataillon du 42e; on avait réussi, afin de l'éloigner de Boulogne, à le faire inviter à la chasse pour le jour où le prince devait arriver avec une cinquantaine de compagnons et de serviteurs. Or, le débarquement avait été fixé au 5 août 1840. Mais, par une de ces circonstances qui tiennent de la fatalité, Louis-Napoléon ne put se trouver à bord du steamer le *Cité-d'Edimbourg* que trois heures après le moment convenu. La journée du 5 fut donc employée à louvoyer dans la Manche en vue des croisières anglaise et française, pour attendre la chute du jour et s'approcher des côtes de Boulogne. Effectivement, dans la nuit du 6, le sous-brigadier des douanes, Audinet, aperçut devant le poste, où il faisait son service, avec deux préposés, un bateau à vapeur mouillé à environ un quart de lieue en mer; c'était le steamer le *Cité-d'Edimbourg* que commandait M. Orsi.

D'abord il ne s'en préoccupa nullement, parce que, depuis quelques jours, il voyait fréquemment des paquebots soit au mouillage, soit louvoyant de Boulogne à un point de la côte, connu sous le nom de la Pointe-aux-Oies, pour attendre des dépêches. Mais, vers deux heures du matin, ayant vu se détacher un canot plein de passagers, il courut vers l'endroit où se dirigeait l'embarcation et hêla le canot qui aborda à vingt-cinq pas de lui ; on lui répondit : « Nous sommes des hommes du 40e de ligne, et nous allons de Dunkerque à Cherbourg; mais une roue de notre paquebot s'est brisée, voilà pourquoi nous débarquons ! » Le brigadier remarqua en effet que le canot était monté par une quinzaine de militaires de différents grades qui s'élancèrent à terre. Mais sa sécurité ne tarda pas à faire place aux soupçons, quand il se vit, lui et ses collègues, entourés et menacés par les baïonnettes des individus débarqués; alors le canot retourna au paquebot et fit trois voyages successifs pour amener au rivage le reste de la troupe. Dans l'intervalle, cinq autres employés des douanes, occupés à faire leur ronde, furent également arrêtés. Aucun d'eux ne fut maltraité ni désarmé.

Pendant le débarquement, quatre personnes, venant de Boulogne, arrivèrent à la plage, embrassèrent plusieurs des militaires débarqués, et deux de ces individus reçurent des uniformes d'officiers, dont ils se revêtirent immédiatement.

Sur ces entrefaites, le lieutenant des douanes Bally, prévenu de la présence du paquebot, se rendit à Vimereux, village voisin du point de débarquement ; il y trouva, sur la place, cinq à six officiers qui s'avancèrent vers lui en lui demandant qui il était. Sur sa réponse qu'il était le chef de la douane du lieu, on lui enjoignit de guider le détachement jusqu'à Boulogne, lequel était composé de trente hommes portant l'uniforme et le numéro du 40e de ligne, et de trente individus revêtus d'insignes et d'uniformes d'officiers de tous grades. Après avoir discuté sur le chemin à suivre, la troupe prit celui de la Colonne, fit à ce monument, en passant, le salut du drapeau, et continua sa marche en le laissant à droite. Elle arriva ainsi à l'entrée de la ville par la porte de la Grande-Rue, poussa le cri de : *Vive l'Empereur*, et se dirigea vers la caserne, occupée en ce moment par une partie du 42e régiment d'infanterie de ligne. Là, il fut donné lecture d'une proclamation adressée par le prince à l'armée ; elle était signée NAPOLÉON, et contresignée par le général Montholon, faisant fonctions de major-général ; le colonel Voisin, faisant fonctions d'aide-major général ; le commandant Mésonan, chef d'état-major. Pendant cette lecture, on essayait d'entraîner les sous-officiers et les soldats par des offres d'argent, de grades, de décorations; le lieutenant Aladenize, gagné depuis longtemps à la cause, fit tous ses efforts pour soulever le 42e. Son exemple pouvait devenir contagieux, quand le capitaine Col-Puygélier, prévenu par un grenadier, accourt et rappelle ses soldats au devoir. Le prince Louis se présente à lui en disant : « Capitaine, soyez des nôtres, et vous aurez tout ce que vous voudrez. — Prince Louis ou non, répond le capitaine, je ne vous connais point ; Napoléon, votre prédécesseur, avait abattu la légitimité, et c'est à tort que vous voudriez ici la réclamer ; qu'on évacue ma caserne. » Tout en luttant et criant, il parvient à repousser hors de la porte le groupe qui veut rentrer et parlementer ; il menace d'employer la force, et au moment où il s'adressait plus particulièrement à Louis-Napoléon, un coup de pistolet, parti des rangs de ceux qui accompagnaient le prince, atteint un grenadier à la bouche (1).

(1) L'erreur, qui attribue à Louis-Napoléon lé pré-

Aussitôt, le capitaine Col-Puygélier fait refouler le groupe et refermer la porte. Dès lors, la partie est perdue pour les conjurés. Une collision s'engage ; la garde nationale de Boulogne, et non les soldats du 42ᵉ, comme l'ont avancé quelques historiens, descend la falaise et tire sur les conjurés avec un acharnement inouï. Deux hommes, porteurs chacun de 10,000 fr., sont dépouillés ; M. Bure, le frère de lait du prince, également arrêté, se voit de même arracher un sac contenant 25,000 fr. qu'il ne revit jamais. M. Faure, revêtu du brillant uniforme d'intendant militaire, est pris pour le prince Louis, et un garde national lui tire à bout portant un coup de fusil dans la nuque. Ainsi poursuivis par la garde nationale d'abord, puis par la ligne, et

---

tendu coup de pistolet tiré sur le commandant Col-Puygélier, est d'autant plus accréditée, que le prince a poussé l'abnégation jusqu'à ne point s'en défendre, lors du procès, préférant en assumer la responsabilité que d'aggraver la culpabilité d'un de ses compagnons. Mais de l'aveu même de tous ceux qui faisaient partie de l'expédition, — et aujourd'hui il n'y a nulle raison pour suspecter leur sincérité, — non-seulement le prince est innocent du fait, mais on connaît la personne, dont l'arme ne fit feu que par mégarde.

cernés par la gendarmerie formant un cordon à une certaine distance, les conjurés arrivent sur la plage, et, trouvant un petit canot sur le sable, le veulent mettre à l'eau. Le colonel Voisin le tirait par la proue, et par conséquent tournait le dos à la mer; Ornano le poussait par la poupe. Le prince, MM. de Persigny, Mésonan et Galvani y entrèrent; mais la charge étant trop forte, le canot cessa d'être à flots; la garde nationale tirait toujours sur le petit groupe, quoique d'assez loin; car M. Orsi, l'intrépide commandant du *Cité-Édimbourg*, avait réussi à protéger la retraite avec quelques hommes de cœur. Dans une décharge que firent simultanément la garde nationale et la ligne, le colonel Voisin, qui s'efforçait en vain de mettre le canot à flots, reçut trois coups de feu, et M. Galvani un dans la hanche. La douleur qu'éprouva le colonel Voisin lui fit faire un effort suprême de torsion sur le bateau, en même temps que M. Galvani tombait sur le bord, en perdant beaucoup de sang; en sorte que sous l'effort de l'un, aidé par la chute de l'autre, le bateau chavira; et, juste au moment où le prince, MM. de Persigny et Mésonan se trouvaient tout à coup sous le canot renversé, qui leur servait de bouclier, une décharge effroyable vint le cribler, en emportant presque toute la quille. Ce fut alors que Louis-Napoléon, MM. Mésonan et de Persigny se mirent à nager vers le *Cité-Édimbourg*, furent recueillis par le canot de la Douane, puis transférés au Château-fort (1). Le général Montholon et le commandant Parquin furent arrêtés dans la ville où ils étaient restés.

(1) Les journaux ont souvent tourné en ridicule le fait d'un aigle trouvé à bord du *Cité-Edimbourg*. Voici la vérité à cet égard :

Le steamer était à Graverend, son ancre jeté au milieu de la Tamise; tout le monde était à bord, excepté Louis-Napoléon, que l'on attendait. M. Orsi, commandant du bateau, et qui avait ordre de ne laisser descendre qui que ce fût à terre, refusa d'abord au commandant Parquin la permission d'aller acheter des cigares ; mais, cédant à ses instances, aussi bien que par déférence pour son âge et pour l'affection qu'il portait au prince, il y consentit, à condition que lui, Orsi, et Charles Thélin l'accompagneraient. Tous trois partirent ; en approchant du rivage, le commandant remarqua qu'un gamin tenait un aigle attaché avec une chaîne et voulut savoir s'il était à vendre ; et sur la réponse affirmative de l'enfant, il dit à M. Orsi : « Je veux l'acheter, c'est d'un bon augure. » Il le paya en effet une livre sterling et le fit mettre dans le canot du steamer. De retour à bord, on attacha l'aigle au grand mât, et l'on n'y pensa plus. Quand les autorités de

L'affaire de Boulogne eut un retentissement énorme, et le procès en fut déféré à la cour des pairs, en vertu d'une ordonnance royale qui qualifiait l'événement d'*attentat contre la sûreté de l'État* (9 août). MM. Berryer et Ferdinand Barrot assistaient Louis-Napoléon ; mais celui-ci lut lui-même, à la première audience (28 septembre), une espèce de manifeste que nous ne pouvons retrancher de cette étude, car on y trouve la meilleure explication des mobiles de sa conduite, quand il se croyait appelé à restaurer le trône impérial.

« Pour la première fois de ma vie, dit-il, il m'est enfin permis d'élever la voix en France et de parler librement à des Français. Malgré les gardes qui m'entourent, malgré les accusations que je viens d'entendre, plein des souvenirs de ma première enfance, en me trouvant dans cette enceinte du Sénat, au milieu de vous que je connais, Messieurs, je ne puis croire que j'aie ici

---

Boulogne saisirent le steamer, elles trouvèrent l'aigle, qui fut immédiatement porté au Musée de la ville. Mais, le lendemain, le puissant animal avait brisé sa cage et s'était envolé.

2.

besoin de me justifier, ni que vous vouliez être mes juges. Une occasion solennelle m'est offerte d'expliquer à mes concitoyens ma conduite, mes intentions, mes projets, ce que je pense, ce que je veux.

« Sans orgueil comme sans faiblesse, si je rappelle les droits déposés par la nation dans les mains de ma famille, c'est uniquement pour expliquer les devoirs que ces droits nous ont imposés à tous.

« Depuis cinquante ans que le principe de la souveraineté du peuple a été consacré en France par la plus puissante Révolution qui se soit faite dans le monde, jamais la volonté nationale n'a été proclamée aussi solennellement, n'a été constatée par des suffrages aussi nombreux et aussi libres que pour l'adoption des constitutions de l'Empire. La nation n'a jamais révoqué ce grand acte de sa souveraineté, et l'Empereur l'a dit : « Tout ce qui a été fait sans elle est illégi-« time. »

« Aussi, gardez-vous de croire que me laissant aller aux mouvements d'une ambition personnelle, j'aie voulu tenter en France, malgré le pays, une restauration impériale. J'ai été formé par de plus hautes leçons, et j'ai vécu sous de plus nobles exemples.

« Je suis né d'un père qui descendit du trône sans regret le jour où il ne jugea plus possible de concilier, avec les intérêts de la France, les intérêts du peuple qu'il avait été appelé à gouverner.

« L'Empereur, mon oncle, aima mieux abdiquer l'Empire que d'accepter par des traités les frontières restreintes qui devaient exposer la France à subir les dédains et les menaces que l'étranger se permet aujourd'hui. Je n'ai pas respiré un jour dans l'oubli de tels enseignements. La proscription imméritée et cruelle qui, pendant vingt-cinq ans, a traîné ma vie des marches du trône sur lesquelles je suis né jusqu'à la prison d'où je sors en ce moment, a été impuissante à irriter comme à fatiguer mon cœur; elle n'a pu me rendre étranger un seul jour à la dignité, à la gloire, aux intérêts de la France. Ma conduite, mes intérêts s'expliquent.

« Lorsqu'en 1830 le peuple a reconquis sa souveraineté, j'avais cru que le lendemain de la conquête serait loyal comme la conquête elle-même, et que les destinées de la France étaient à jamais fixées ; mais le pays a fait la triste expérience des dix dernières années. J'ai pensé que le vote de quatre millions de citoyens, qui avait élevé ma famille, nous imposait au moins le devoir de faire appel à la nation et d'interroger sa volonté; j'ai cru même que si, au sein du congrès national que je voulais convoquer, quelques prétentions pouvaient se faire entendre, j'aurais le droit d'y réveiller les souvenirs éclatants de l'Empire, d'y parler du frère aîné de l'Empereur, de cet homme vertueux qui, avant moi, en est le digne héritier, et de placer en face de la France, aujourd'hui affaiblie, passée sous silence dans le congrès des rois, la France d'alors, si forte au dedans, au dehors si puissante et si respectée. La nation eût répondu : République ou monarchie, empire ou royauté. De sa libre décision dépend la fin de nos maux, le terme de nos dissensions.

« Quant à mon entreprise, je le répète, je n'ai point eu de complices. Seul, j'ai tout résolu ; personne n'a connu à l'avance ni mes projets, ni mes ressources, ni mes espérances. Si je suis coupable envers quelqu'un, c'est envers mes amis seuls. Toutefois, qu'ils ne m'accusent pas d'avoir abusé légèrement de courages et de dévouements comme les leurs. Ils comprendront les motifs d'honneur et de prudence qui ne me permettaient pas de révéler à eux-mêmes combien étaient étendues et puissantes mes raisons d'espérer un succès.

« Un dernier mot, Messieurs. Je représente devant vous un principe, une cause, une défaite : le principe, c'est la souveraineté du peuple; la cause, celle de l'Empire; la défaite, Waterloo. Le principe, vous l'avez reconnu; la cause, vous l'avez servie; la défaite, vous voulez la venger. Non, il n'y a pas désaccord entre vous et moi, et je ne veux pas croire que je puisse être dévoué à porter la peine des défections d'autrui.

« Représentant d'une cause politique, je ne puis accepter comme juge de mes volontés et de mes actes une juridiction politique. Vos formes n'abusent personne. Dans la lutte qui s'ouvre, il n'y a qu'un vainqueur et un vaincu. Si vous êtes les hommes du vainqueur, je n'ai pas de justice à attendre de vous, et je ne veux pas de générosité. »

Après les interrogatoires et les dépositions, M. le procureur-général Franck-Carré soutint énergiquement l'accusation. Puis vint le tour de M. Berryer, qui, dans sa défense, trouva des inspirations sublimes. Développant cette thèse, que l'entreprise de Louis-Napoléon ne présentait pas un caractère de criminalité qu'il fût possible de punir judiciairement, il s'écriait : « S'agit-il donc, en effet, d'appliquer à un sujet rebelle et convaincu de rébellion des dispositions du Code pénal? Le prince a fait autre chose ; il a fait plus que de venir attaquer le territoire, que de se rendre coupable d'une violation du sol français ; il est venu contester sa souveraineté à la maison d'Orléans ; il est venu en France réclamer, pour sa propre famille, les droits à la souveraineté ; il l'a fait au même titre et en vertu du même principe politique que celui sur lequel vous avez posé la royauté d'aujourd'hui. Le principe qui vous gouverne aujourd'hui, que vous avez placé au-dessus de tous les pouvoirs de l'État, c'est le principe de 91, c'est le principe qui régnait en l'an VIII, c'est le principe en vertu duquel il fut fait appel à la nation pour qu'elle se prononçât et sur le Consulat et sur l'Empire. Par les votes constatés sur l'adoption des constitutions de l'Empire, quatre millions de votes, en 1804, ont déclaré que la France voulait l'hérédité dans la descendance de Napoléon ou dans la descendance de son frère Joseph, ou, à ce défaut, dans la descendance de son frère Louis ; voilà mon titre !... »

Arrivant à cette conclusion que la question était toute politique, une question entre deux dynasties, et qu'elle ne pouvait être tranchée par des juges, le défenseur rappela avec quelle persistance le gouvernement crut nécessaire de réveiller les sentiments bonapartistes. « La tombe du héros, dit-il, on est allé l'ouvrir, on est allé remuer ses cendres pour les transporter dans Paris et déposer glorieusement ses armes sur un cercueil. Vous voulez juger et condamner la tentative de Louis-Napoléon, Messieurs ; est-ce que vous ne comprenez pas ce que de telles manifestations ont dû produire sur le jeune prince ?..

« Ce besoin de ranimer dans les cœurs, en France, les souvenirs de l'Empire, les sympathies napoléoniennes, a été si grand, que, sous le règne d'un prince qui, dans d'autres temps, avait demandé à porter les armes contre les armées impériales et à combattre celui qu'il appelait l'usurpateur corse, le ministère a dit : « Il fut le légitime souverain du pays. »

« C'est alors que le jeune prince a vu se réaliser ce qui n'était encore que dans les pressentiments des hommes qui gouvernent. Il a vu signer le traité de Londres ; il s'est trouvé au milieu des hommes qui ourdissaient ce plan combiné contre la France ; et vous ne voulez pas que ce jeune homme, téméraire, aveugle, présomptueux, tant que vous voudrez; mais avec un cœur dans lequel il y a du sang, et à qui une âme a été transmise, sans consulter ses ressources, se soit dit : « Ce nom qu'on fait retentir, c'est à moi qu'il appartient; c'est à moi de le porter vivant sur ces frontières ! il réveillera en deçà la foi dans la victoire, au-delà la terreur des défaites. Ces armes sont à moi ; pouvez-vous les disputer à l'héritier du soldat?..

« Vous voulez le juger, et pour déterminer vos résolutions, pour que plus aisément vous puissiez vous constituer juges, on vous parle de projets insensés, de folle présomption... Eh ! messieurs, le succès serait-il donc devenu la base des lois morales, la base du droit? Quelles que soient la faiblesse, l'illusion, la témérité de l'entreprise, ce n'est pas le nombre des armes et des soldats qu'il faut compter, c'est le droit, ce sont les principes au nom desquels on a agi. Ce droit, ces principes, vous ne pouvez pas en être juges ; ce droit, ces principes, ils ne sont pas altérés, ils ne sont pas diminués par le ridicule jeté sur les faits et le caractère de l'entreprise. »

Et, poursuivant cette dernière idée, l'avocat ajoute avec un mouvement oratoire qui remue profondément l'assemblée : « Ici, je ne crois pas que le droit au nom duquel était tenté le projet puisse tomber devant le dédain des paroles de M. le procureur général. Vous faites allusion à la faiblesse des moyens, à la pauvreté de l'entreprise, au ridicule de l'espérance du succès; eh bien! si le succès fait tout, vous, qui êtes des hommes, qui êtes même les premiers de l'Etat, qui êtes les membres d'un grand corps politique, je vous dirai : « Il y a un arbitre inévitable, éternel, entre tout juge et tout accusé ; avant de juger, devant cet arbitre et à la face du pays qui entendra vos arrêts, dites-vous, sans avoir égard à la faiblesse des moyens, le droit, les lois, la Constitution devant les yeux, la main sur la conscience, devant Dieu et devant nous qui vous connaissons, dites : « S'il eût réussi, s'il eût triomphé, ce droit, je l'aurais nié, j'aurais refusé toute participation à ce pouvoir, je l'aurais méconnu, je l'aurais repoussé. » Moi, j'accepte cet arbitrage suprême ; et quiconque d'entre vous, devant Dieu, devant le pays, me dira : « S'il eût réussi, j'aurais nié ce droit ! » Celui-là, je l'accepte pour juge. »

Après le plaidoyer de Me Berryer, le général Montholon présenta lui-même sa défense ; puis Me Ferdinand Barrot prit la parole en faveur de quatre accusés, MM. Voisin, Parquin, Bataille et Desjardins. Me Barillon, chargé de compléter la défense de M. de Persigny, qui avait essayé de justifier lui-même sa conduite, expliquait ainsi le dévouement des accusés à la cause napoléonienne. « Les expéditions du prince Louis-Napoléon peuvent être diversement interprétées, diversement jugées. Les uns peuvent y voir le signe d'un entraînement irréfléchi, les autres l'expression d'un caractère ferme et persévérant ; mais ce qui n'est ni contestable, ni discutable, ce sont les qualités qui distinguent le prince, et dont nous pouvons parler comme témoins croyables, nous qui l'avons pour la première fois rencontré au fond d'une prison, dans une de ces grandes épreuves auxquelles l'homme politique n'est pas toujours préparé ; ce qui n'est pas contestable, c'est l'ascendant immense, irrésistible, qu'il exerce sur tous ceux qui l'approchent; c'est cette attraction secrète qui appelle et qui retient ; c'est enfin cette cordialité qui n'exclut pas la dignité et qui commande l'affection autant que le respect; à tous ces traits, ajoutez ce regard de famille qui fut une des puissances de Napoléon : à ce portrait enfin, ajoutez le nom de Napoléon lui-même; ce nom qui entoure comme d'une auréole une tête vivante, et vous aurez, messieurs, le secret de ce dévouement entier, absolu, aveugle, je dirais presque superstitieux, qui enchaîne tous les accusés aux destinées du prince, et qui est devenu l'unique drapeau de l'expédition de Boulogne. »

M. Lombard, le docteur Conneau et Bouffet-Montauban, furent également défendus par Me Barillon. Les autres accusés, Mésonan, le colonel Laborde, Aladenize, Forestier, Ornano, parent du prince Louis-Napoléon et neveu du lieutenant-général Ornano, l'un des membres de la chambre des pairs; Orsi, réfugié italien, homme de tête et de cœur, comme on l'a vu, et l'un des plus dévoués partisans de Louis-Napoléon et de son frère, en 1832; Galvani, ancien sous-intendant militaire ; Alfred d'Almbert, secrétaire intime du prince ; Bure, frère de lait et intendant du prince, furent habilement défendus par Mes Delacour, Nogent-Saint-Laurens, Favre, Ducluzeau et Lignier. Ensuite, le procureur-général reprit la parole pour répondre principalement à la plaidoierie de Me Berryer, qui avait été, dit-il, « plutôt politique que judiciaire. » Louis-Napoléon se chargea de lui répliquer en peu de mots : « M. le procureur général, dit-il, vient de prononcer un discours très-éloquent ; mais il était inutile. En priant M. Berryer de vouloir bien expliquer ici mes droits, j'ai voulu par là faire mon devoir envers ma naissance et ma famille. M. Berryer a admirablement rempli mon attente. Mais maintenant qu'il ne s'agit que de mon sort, je ne veux pas me mettre à l'abri d'une exception ; je veux partager le sort des hommes qui ne m'ont pas abandonné au jour du danger : je prie M. Berryer de ne pas continuer ces débats. »

M. Berryer s'inclina devant une résolution si noblement exprimée, et la cour se retira dans la salle de ses délibérations. Trois jours après, le 6 octobre, elle prononçait son arrêt.

Le prince Louis-Napoléon fut condamné à l'emprisonnement perpétuel dans une forteresse située sur le territoire continental du royaume; le général Montholon, le commandant Parquin, Lombard et M. Fialin de Persigny à vingt années de détention; Mésonan à quinze années; le colonel Voisin, Forestier et Ornano à dix années; Bouffet-Montauban, Bataille et Orsi à cinq années toujours de détention; Conneau à cinq années d'emprisonnement; Laborde à deux années de la même peine; Alexandre, dit Desjardins, Galvani, d'Almbert et Bure furent acquittés.

En entendant sa sentence, que le greffier de la cour des pairs lui lisait dans sa prison, Louis-Napoléon s'écria : « Au moins, j'aurai le bonheur de mourir en France. » A minuit (6 octobre), il partit pour le fort de Ham avec trois de ses fidèles amis, le général Montholon, le docteur Conneau et le lieutenant d'Ornano. Il accepta sa nouvelle infortune avec un courage stoïque, dont on trouve particulièrement la preuve dans une de ses lettres restée célèbre: « Je ne désire pas sortir des lieux où je suis; car ici je suis à ma place : avec le nom que je porte, il me faut l'ombre d'un cachot ou la lumière du pouvoir. »

III

D'ailleurs, le prince chercha dans l'étude de l'art militaire, des sciences et de l'histoire, un refuge contre les ennuis de la captivité. C'est à Ham qu'il composa, outre une sorte de dithyrambe, *Aux mânes de l'empereur* (in-4°), les écrits suivants :

1. *Note sur les amorces fulminantes et sur les attelages* (1841), in-8°;

2. *Fragments historiques*, dont la préface contient ce passage remarquable : « Loin de moi la pensée de recommencer une polémique où les passions luttent toujours avec plus de succès que la raison ; il me suffit, pour venger mon honneur, de prouver que si je me suis embarqué audacieusement sur une mer orageuse, ce n'est pas sans avoir d'avance médité sur les causes et les effets des révolutions, sur les écueils de la réussite comme sur les gouffres du naufrage. Pendant qu'à Paris on déifie les restes mortels de l'empereur, moi, son neveu, je suis enterré

vivant dans une étroite enceinte. Mais j'ai appris à ne pas m'étonner de l'inconséquence des hommes, et je remercie le ciel de m'avoir donné comme refuge, après tant d'épreuves cruelles, une prison sur le sol français. Soutenu par une foi ardente et par une conscience pure, je m'enveloppe dans mon malheur avec résignation, et je me console du présent en voyant l'avenir de mes ennemis écrit en caractères ineffaçables dans l'histoire de tous les peuples. »

Dans cet ouvrage, l'auteur, examinant la révolution d'Angleterre en 1649, qui a conduit Charles Ier sur l'échafaud, et celle de 1688, qui a placé la couronne de Jacques II sur la tête de Guillaume III, son gendre, compare surtout la dernière avec la révolution de 1830, et insiste sur ce point, — chose caractéristique! — «qu'un gouvernement peut souvent violer impunément la légalité et même la liberté, pourvu qu'il se mette franchement à la tête des grands intérêts de la civilisation. »

3. *Analyse de la question des sucres* (in-8°, 1842), travail qui a servi de base aux observations présentées, à cette époque, aux chambres, par les conseils-généraux;

4. *Réponse à M. de Lamartine* (in-12, 1843), motivée par une diatribe du poëte contre le Consulat et l'Empire.

5. *Théorie explicative de la pile de Volta* (mai 1843), adressée à l'Académie des sciences de Paris, et insérée dans les procès-verbaux.

6. *Réflexions sur le mode de recrutement de l'armée* (1844);

7. *Extinction du paupérisme* (in-32, 1844), œuvre de quelques pages, où est habilement discuté le grand problème de l'assistance sociale. « Il est naturel, dit l'auteur, de songer, dans le malheur, à ceux qui souffrent. » Cet ouvrage, où le prince développe un plan d'*organisation du travail*, indique, comme solution, l'établissement de colonies dans les parties les plus incultes de la France, au moyen de capitaux fournis par l'Etat. « L'idée développée par vous dans cet écrit, écrivait au prince notre grand poëte populaire, Béranger, est une des mieux conçues pour arriver à l'amélioration du sort des classes laborieuses. Ce n'est pas dans ma retraite que je puis juger du mérite des calculs dont vous appuyez vos plans; mais des rêves de même sorte ont souvent traversé mon cerveau, et m'ont

mis à même d'apprécier tout ce qu'il y a de généreux dans ce projet. Par une coïncidence dont je m'enorgueillis, les utopies de mon coin du feu ressemblent de tous points a ce que vous avez si clairement exposé, en l'appuyant d'arguments si irrésistibles. Je vous parle ici, prince, de mes méditations sur ce sujet, beaucoup moins pour en tirer vanité, que pour vous faire juger du plaisir que m'a causé la lecture de votre ouvrage. Il y a de la grandeur à savoir songer comme vous le faites, au milieu des soucis et des souffrances de la captivité, aux misères d'une si grande partie de vos concitoyens. C'est la plus noble manière d'occuper vos instants, et c'est aussi la plus digne du grand nom que vous portez. »

8. *Histoire de l'artillerie* (3 v. in-8°, 1846), résumé de tout ce qui a été publié depuis des siècles sur les opérations militaires des peuples, depuis l'invention de la poudre jusqu'à nos jours.

Le prince adressait, en outre, fréquemment des articles politiques aux journaux de l'opposition démocratique, notamment au *Progrès du*

Pas-de-Calais, et collaborait au *Dictionnaire de la conversation.*

En 1845, il fut question d'amnistie dans les régions diplomatiques, et déjà l'on se demandait si elle s'étendrait jusqu'aux prisonniers de Ham. Instruit de ces bruits par des amis intimes, le prince répondit : « Si l'on devait ouvrir demain les portes de ma prison en m'annonçant que je suis libre, et que je puis m'asseoir comme citoyen au foyer national, dans cette France qui ne répudierait plus aucun de ses enfants, certes, un torrent de joie viendrait inonder mon cœur ; mais, si l'on m'offrait d'échanger mon sort actuel pour un nouvel exil, je refuserais sans hésitation, car j'y verrais une aggravation de peine. Je préfère être captif sur le sol français que libre à l'étranger...

« Banni depuis vingt-cinq ans, deux fois trahi par le sort, je connais de cette vie toutes les vicissitudes et toutes les douleurs ; et, revenu des illusions de la jeunesse, je trouve dans l'air natal que e respire, dans l'étude, dans le repos de ma prison, un charme que je n'ai pas ressenti lorsque je partageais les plaisirs des peuples étrangers, et que, vaincu, je buvais à la même coupe que le vainqueur de Waterloo. »

L'amnistie n'atteignit pas le prince ; elle rendit seulement à la liberté sept de ses compagnons de captivité : MM. de Bouffet-Montauban, Orsi, Bataille, Ornano, Forestier, Lombard et le docteur Conneau. Toutefois, ce dernier obtint la faveur de demeurer dans la forteresse, en qualité de médecin attaché au service du prince, avec la faculté de sortir librement du château et d'y rentrer suivant son bon plaisir. Quant au prince, il continua de subir sa captivité avec un mélange de résignation et de fierté.

En 1846, son père, attaqué de sa dernière maladie, exprima le vœu de l'avoir près de lui pour qu'il reçût ses derniers adieux. La tendresse filiale l'emporta sur les considérations politiques. Le prince demanda d'abord aux ministres, puis au roi, la permission d'aller remplir ce devoir pieux et sacré de fermer les yeux à son père, promettant, sur l'honneur, de revenir se constituer prisonnier aussitôt qu'on le rappellerait. Les ministres voulurent lui imposer des conditions inacceptables ; il les refusa, n'ayant plus désormais qu'un but : s'évader de sa prison. Le 23 mai, il emprunte les passe-ports de voyageurs anglais qui étaient venus le visiter ; le 25, Charles Thélin, son fidèle domestique, retient à Ham un cabriolet pour le lendemain, sous prétexte d'un projet de voyage à Saint-Quentin. Le 26, à sept heures du matin, Louis-Napoléon coupe ses moustaches et son impériale, se noircit les mains et le visage avec de la peinture, endosse une blouse et un pantalon bleu, se coiffe d'une perruque noire et d'une mauvaise casquette, chausse des sabots, met dans sa bouche une pipe de terre et pose une planche sur son épaule. Ainsi vêtu en ouvrier, il descend l'escalier, tenant sa planche de manière à masquer son visage, traverse les cours, la loge du concierge et franchit la dernière grille, non sans avoir risqué plusieurs fois d'être reconnu. Enfin, il est libre ! (1). En sor-

(1) D'un *Poème* sur l'Empire (encore inédit), nous extrayons ici le *chant* IIe, où l'illustre captif, dans un rêve, que la Providence s'est chargée de réaliser, entrevoit l'horizon de ses merveilleuses destinées. Peut-être à ce hors-d'œuvre poétique le lecteur daignera-t-il prendre quelque intérêt.

LES DEUX VISIONS.

Dans une vaste plaine aux larges horizons,
Où d'une avare main la Reine des saisons
Dispense les trésors de sa verte parure,
S'élève une cité, dont l'origine obscure

tant du fort de Ham, le prince monta en voiture avec M. Charles Thélin, passa par St-Quentin, Valenciennes, Bruxelles, Ostende, et arriva en Angleterre.

Dès son arrivée à Londres, il écrivit à M. de

Remonte, dans l'histoire, à des âges lointains.
Sur sa limite, un jour, pour de sombres destins,
Le Seigneur a permis que l'audace de l'homme
Bâtît, majestueux et baigné par la Somme,
Un de ces châteaux-forts, flanqués de hautes tours,
Avec leurs ponts-levis ; où, comme des vautours,
A l'abri des remparts, jadis guettant leurs proies,
Les maîtres étalaient leurs crimes et leurs joies.
La force était alors la suprême raison,
Et ce château parfois se changeait en prison !
De Charlemagne, ainsi, l'histoire nous raconte
Qu'un descendant y fut le prisonnier d'un comte,
Qui des preux Vermandois déshonora l'écu.

« Or, huit siècles plus tard, un illustre vaincu,
Illustre par le cœur comme par la naissance,
Fils et neveu de rois, créé pour la puissance,
Et lui-même héritier du plus grand empereur
Qu'ait salué le Monde en ses jours de splendeur,
Dans le château de Ham, triste similitude !
Vit s'écouler rêveur six ans de solitude.
Notre siècle comptait quarante-six printemps,
Le jour où ce donjon, vieux de quinze cents ans,
Fut témoin d'une scène étrange et merveilleuse.

« Assis sur le rempart, et la lèvre railleuse,
Le front illuminé des rayons du soleil,
Louis s'abandonnait aux douceurs du sommeil.

Saint-Aulaire, notre ambassadeur près du cabinet anglais :

« Monsieur le comte, je viens déclarer avec franchise à l'homme qui a été l'ami de ma mère, qu'en m'échappant de ma prison je n'ai eu nul

Pour reposer, suivant une chère habitude,
Son cerveau fatigué des soucis de l'étude,
Ses mains avaient donné quelques soins à des fleurs,
Qu'en pensant à sa mère il arrosait de pleurs.
Mais, comme sous la cendre où couve l'étincelle,
Sous ce calme trompeur une flamme immortelle
Veillait, de ses reflets éclairant l'avenir.
Il rêvait, et, l'esprit rempli du souvenir
D'une époque fertile en magiques années,
Pour la France il rêvait de hautes destinées !

« Dans son rêve, soudain, les murs de sa prison
Laissent, en s'écroulant, s'élargir l'horizon.
De son manteau d'azur la nuit couvre la plaine ;
Du zéphir amoureux la caressante haleine
Bruit dans le feuillage et balance les fleurs ;
Le ciel est diapré des plus riches couleurs.
Aux regards du captif des étoiles sans nombre,
D'une auréole d'or illuminant une OMBRE,
Alors font apparaître, étrange vision !
Dans l'espace éthéré les huit lettres d'un nom.
L'OMBRE vers lui descend, imposante et sereine,
Etendant sur le globe une main souveraine.
Ses poumons de géant à flots aspirent l'air,
De sa prunelle ardente au loin jaillit l'éclair,
Et son front, pâle encor des tortures passées,
Son front semble abriter un monde de pensées !

lement le projet de recommencer contre le gouvernement français des tentatives qui m'ont été si désastreuses ; mon seul but a été d'aller voir mon père Avant de prendre cette détermination, j'ai épuisé tous les moyens de sollicitation pour

L'Ombre descend toujours, et lentement sa voix,
Qui fit trembler jadis les peuples et les rois,
Sa voix pure et sonore, et grave et solennelle,
Révèle du Seigneur la sentence éternelle :

« Louis, mon bien-aimé, relève ta vertu ;
« Si deux fois ton épée en vain a combattu,
« L'heure n'est pas lointaine, où le vœu de la France,
« De ton cœur généreux doit combler l'espérance.
« Le peuple a de mon nom gardé le souvenir ;
« Tout rappelle ma gloire, et tout la fait bénir.
« Par delà l'horizon de la liquide plaine
« Où, vaillant, je portais ma croix à Sainte-Hélène,
« Ce peuple, en moi cherchant son sauveur et son dieu,
« Dans mon dernier soupir, dans mon dernier adieu,
« N'a-t-il pas pressenti la vérité suprême ?
« N'a-t-il pas, sur mon front, posant le diadème,
« Ramené mon tombeau d'un rivage ennemi
« Et partout salué son empereur ami ?
« Ils avaient cru, ces rois, abattre enfin le chêne,
« Ces rois, qui du passé voulaient briser la chaîne !
« Mais l'arbre a repoussé de superbes rameaux,
« Et la chaîne en tes mains renouera ses anneaux.
« Laisse donc à ton âme arriver l'espérance ;
« Car régner dans les cœurs, c'est régner sur la France !
« Voici venir le jour et l'heure du réveil ;
« Tu verras d'Austerlitz le glorieux soleil

obtenir la permission d'aller à Florence, et j'ai offert toutes les garanties compatibles avec mon honneur. Mais, mes démarches ayant été repoussées, j'ai fait ce que firent, sous le règne de Henri IV, dans des circonstances semblables, les

« De ses rayons de flamme illuminer l'Empire ;
« C'est le Dieu de la paix qui m'éclaire et m'inspire !
« Si l'épée a créé ma gloire et mon renom,
« On bâtit sur le sable, au seul bruit du canon ;
« Et d'un roi la puissance est à jamais fondée,
« Quand elle a pour assise un principe, une idée.
« Le peuple est ton appui, ta force, ta grandeur,
« Son amour aidera l'essor de ta splendeur ;
« Ne livre pas ton sceptre au hasard des batailles,
« Et ferme le chemin sanglant des funérailles.
« Dieu, pour toi, des destins levant le voile épais,
« Dieu te dit par ma voix : L'*Empire, c'est la paix!*
« Suis l'arrêt du Seigneur, et dans cette œuvre immense
« De résurrection, d'amour et de clémence,
« Un ange, dominant dans ton âme en vainqueur,
« Louis, allégera l'angoisse de ton cœur.
« Mais du moins tes regards n'iront pas sur le trône
« Chercher, pour supporter le poids de ta couronne,
« La fille des Césars ! Que la raison d'Etat
« Ne guide point ton choix dans ce libre contrat !
« L'histoire te l'apprend : d'illustres hyménées
« Aux rois ont préparé de sombres destinées ! »

« Ici la voix se tut, et l'Ombre, en souriant,
Dans l'espace étendit la main vers l'Orient ;
Dans un cadre d'azur parut un blanc fantôme,
Si frêle à l'horizon, qu'on eût dit un atôme.

ducs de Guise et de Nemours. Je vous prie d'informer le gouvernement français de mes intentions pacifiques, et j'espère que cette déclaration, toute spontanée de ma part, hâtera la délivrance des amis que j'ai laissés en prison. » Vaines protestations ! L'influence française empêcha le

 L'atôme, en s'approchant, nuage de saphir
Doucement amené sur l'aile du zéphir,
Grandit et prit un corps, une forme, un visage,
Et dessina dans l'air son élégant corsage.
Ange ou sylphe des nuits aux contours gracieux,
Descendait-il ainsi du royaume des cieux ?
Calme était son regard ses lèvres purpurines ;
Un sourire enchanteur dilatait ses narines,
Et les flots ruisselants de ses longs cheveux d'or,
De son beau sein d'ivoire abritaient le trésor.
C'était une rêveuse et chaste jeune fille,
Une adorable enfant de la vieille Castille,
Un ange, une madone, une vierge du ciel,
Un rêve de poëte, et tel que Raphaël
En vit sous son pinceau réaliser l'image.

« Vers le fantôme blanc, comme en signe d'hommage,
L'Ombre s'incline alors, et, d'un geste instinctif,
Lui place la main droite en la main du captif ;
Puis un mot fut tout bas murmuré dans l'espace,
Mot d'amour, dont jamais le souvenir ne passe !
Louis se réveilla ; mais des deux visions,
Rêves charmants du cœur, douces illusions,
Tout avait disparu, ne laissant dans son âme,
Comme un phare éternel, qu'un long sillon de flamme ! »
      (L'Empire, poëme, chant IIe.)

grand-duc de Toscane de tolérer le séjour du prince à Florence, même pendant vingt-quatre heures. Le roi de Hollande expira le 25 juillet 1846, sans avoir pu embrasser son fils. Profondément affligé d'une perte aussi douloureuse, Louis-Napoléon s'enferma dans une retraite aux environs de Londres, et y vécut de sa vie d'exilé jusqu'a la révolution de 1848.

C'est pendant cette période de deux années qu'il publia ses *Mélanges politiques*, qui renferment ses lettres sur l'histoire, la politique et les événements auxquels il a pris part ; ses traductions de l'italien, de l'allemand, surtout de Schiller, son auteur de prédilection.

IV

Nous touchons à la seconde phase de l'existence si tourmentée de Louis-Napoléon, à la grande catastrophe qui, en lui ouvrant les portes de la France, va le placer sur le chemin du pouvoir et lui donner tous les moyens de ressaisir plus sûrement la couronne tombée du front de Napoléon Ier. A la nouvelle des événements de février, le prince, accompagné de M. Orsi (1), le même qui commandait le *Cité-d'Edimbourg* lors de l'expédition de Boulogne, accourut à Paris le 26, et écrivit au gouvernement provisoire :
« Messieurs, le peuple de Paris ayant détruit, par son héroïsme, les derniers vestiges de l'invasion étrangère, j'accours de l'exil pour me ranger sous le drapeau de la République qu'on vient de proclamer. Sans autre ambition que celle de servir mon pays, je viens annoncer mon arrivée aux membres du gouvernement provisoire, et les assurer de mon dévouement à la cause qu'ils re-

(1) M. Orsi, que l'on retrouve toujours aux côtés de Louis-Napoléon dans les moments difficiles, avait été, à Florence, le banquier du comte de Saint-Leu, père du prince.

présentent, comme de ma sympathie pour leurs personnes (28 février). »

Le gouvernement provisoire, obéissant à des craintes inspirées par la situation, et obligé de calmer les défiances des démocrates exaltés, invita Louis-Napoléon à s'éloigner, *dans l'intérêt de l'ordre.* Celui-ci n'hésita pas à reprendre momentanément la route de l'exil, en exprimant l'espérance « qu'on verrait dans ce sacrifice la pureté de ses intentions et de son patriotisme. » Il se tint donc complétement à l'écart, lors des élections générales pour la Constituante, où plusieurs de ses cousins furent appelés à siéger. Aux élections partielles du 6 juin, sa candidature fut portée et triompha à Paris, ainsi que dans les départements de l'Yonne, de la Sarthe et de la Charente Inférieure. Cette acclamation populaire protestait bien énergiquement contre l'ostracisme dont l'Assemblée nationale avait l'intention de frapper, non pas la famille de l'empereur Napoléon, mais le prince Louis-Napoléon individuellement. Ses prétentions, disait on, pouvaient être un jour une cause de troubles et faire courir les plus grands dangers à la liberté. Que ces craintes eussent ou non quelque fondement, au point de vue des républicains ardents, là n'était pas la question. Pouvait on et devait-on, logiquement, rapporter la loi qui proscrivait la famille Bonaparte, en faisant une exception contre un seul de ses membres ? Mais nos constituants ne se piquèrent pas de logique en cette occasion; car, pour ne pas s'exposer à être taxés d'inconséquence, ils auraient dû franchement ouvrir les portes de la France républicaine à toutes les familles bannies, ou les fermer à toutes sans distinction.

Quoi qu'il en fût, en apprenant la difficulté dont il était l'objet, Louis-Napoléon s'était empressé d'adresser à la Constituante une lettre, dont l'importance nous fait un devoir de la reproduire, comme document historique :

« Citoyens représentants, disait-il, j'apprends, par les journaux du 22, qu'on a proposé dans les bureaux de l'Assemblée de maintenir contre moi seul la loi d'exil qui frappe ma famille depuis 1816 ; je viens demander aux représentants du peuple pourquoi je mériterais une semblable peine ?

« Serait-ce pour avoir toujours publiquement déclaré que, dans mes opinions, la France n'était l'apanage ni d'un homme, ni d'une famille, ni d'un parti ?

« Serait-ce parce que, désirant faire triompher, sans anarchie ni licence, le principe de la souveraineté nationale, qui seul pouvait mettre un terme à nos dissensions, j'ai deux fois été victime de mon hostilité contre le gouvernement que vous avez renversé ?

« Serait-ce pour avoir consenti, par déférence pour le gouvernement provisoire, à retourner à l'étranger après être accouru à Paris au premier bruit de la révolution ? Serait-ce pour avoir refusé, par désintéressement, les candidatures à l'Assemblée qui m'étaient proposées, résolu de ne retourner en France que lorsque la nouvelle Constitution serait établie et la République affermie ? Les mêmes raisons, qui m'ont fait prendre les armes contre le gouvernement de Louis-Philippe, me porteraient, si on réclamait mes services, à me dévouer à la défense de l'Assemblée, résultat du suffrage universel. En présence d'un roi élu par deux cents députés, je pouvais me rappeler que j'étais l'héritier d'un empire fondé par l'assentiment de quatre millions de Français. En présence de la souveraineté nationale, je ne peux et ne veux revendiquer que mes droits de citoyen français, mais ceux-là, je les réclamerai sans cesse avec l'énergie que donne à un cœur honnête le sentiment de n'avoir jamais démérité de la patrie (23 mai). »

L'Assemblée nationale, chose inexplicable, refusa d'entendre la lecture de cette lettre, qui eût à coup sûr rassuré les esprits les plus craintifs. Mais on sait comment la nation répondit à la partialité de ses représentants, — par une quadruple élection. Le prince remercia les électeurs en ces termes : « Vos suffrages me pénètrent de reconnaissance. Cette marque de sympathie, d'autant plus flatteuse que je ne l'avais point sollicitée, vient me trouver au moment où je regrettais de rester inactif, alors que la patrie a besoin du concours de tous ses enfants pour sortir des circonstances difficiles où elle se trouve placée. Votre confiance m'impose des devoirs que je saurai remplir ; nos intérêts, nos sentiments, nos vœux sont les mêmes. Enfant de Paris, aujourd'hui représentant du peuple, je joindrai mes efforts à ceux de mes collègues pour rétablir l'ordre, le crédit, le travail, pour assurer la paix extérieure, pour consolider les institutions démocratiques et concilier entre eux des intérêts qui semblent hostiles aujourd'hui, parce qu'ils se soupçonnent et se heurtent, au lieu de marcher ensemble vers un but unique : la prospérité et la grandeur du pays. Le peuple est libre depuis le 24 février ; il peut tout obtenir sans avoir recours à la force brutale. Rallions-nous donc autour de l'autel de la patrie, sous le drapeau de la République, et donnons au monde ce grand spectacle d'un peuple qui se régénère sans violence, sans guerre civile, sans anarchie. »

Au mépris du vœu populaire, la commission exécutive donna l'ordre au ministre de l'intérieur d'avertir tous les préfets, par le télégraphe, de faire arrêter le prince (12 juin). Et comme il fallait justifier cet acte arbitraire, la commission vint déclarer à l'Assemblée nationale « qu'elle ne considérait pas comme abrogée la loi de bannissement, du 10 avril 1832, à l'égard des membres de la famille Bonaparte, dont la nomination, comme représentants, n'avait pas encore obtenu la sanction de l'Assemblée. » Louis-Napoléon n'en fut pas moins admis, le 13 juin, comme représentant du peuple, par l'Assemblée qui reçut de lui, le lendemain, une lettre où il disait notamment : « J'apprends que mon élection sert de prétexte à des troubles déplorables et à des erreurs funestes. Je n'ai pas cherché l'honneur d'être représentant du peuple, parce que je savais les soupçons injurieux dont j'étais l'objet ; je rechercherais encore moins le pouvoir. Si le peuple m'imposait des devoirs, je saurais les remplir. » Cette dernière phrase excita un violent orage, et les représentants, qui siégeaient à gauche, protestèrent contre ce qu'ils appelaient « la déclaration de guerre d'un Prétendant. » Cependant, le prince terminait sa lettre en disant : « Mon nom est un symbole d'ordre, de nationalité, de gloire, et ce serait avec la plus vive douleur que je le verrais servir à augmenter les troubles et les déchirements de la patrie. »

Instruit des incidents de la séance, l'illustre exilé envoya sa démission au président de l'Assemblée, le 15 juin. « J'étais fier, disait-il, d'avoir été élu représentant à Paris et dans trois autres départements ; c'était à mes yeux une ample réparation pour trente années d'exil et six ans de captivité ; mais les soupçons injurieux qu'a fait naître mon élection, mais les troubles dont elle a été le prétexte, mais l'hostilité du pouvoir exécutif, m'imposent le devoir de refuser un honneur qu'on croit avoir été obtenu par l'intrigue.

« Je désire l'ordre et le maintien d'une république sage, grande, intelligente ; et puisque, involontairement, je favorise le désordre, je dépose, non sans de vifs regrets, ma démission entre vos mains. Bientôt, je l'espère, le calme renaîtra et me permettra de rentrer en France, comme le plus simple des citoyens, et aussi comme un des plus dévoués au repos et à la prospérité de son pays. »

En effet, le prince ne revint en France qu'au mois de septembre, rappelé par une quintuple élection, dans la Seine, l'Yonne, la Moselle, la Charente-Inférieure et la Corse. Le 26, il parut à l'Assemblée nationale et alla s'asseoir sur les bancs de la gauche. Son admission ne souleva aucune contestation : dès qu'elle fut prononcée, il se leva et lut une déclaration où il disait : « Après trente-trois années de proscription et d'exil, je retrouve enfin ma patrie et mes droits de citoyen. La République m'a fait ce bonheur ; que la République reçoive mon serment de reconnaissance, mon serment de dévouement. »

Louis-Napoléon était donc définitivement réintégré dans la grande famille française ; mais sa position, au milieu des méfiances qui l'entouraient, exigeait beaucoup de prudence et de réserve ; il le comprit bien et se tint sur ses gardes, ne paraissant à la tribune que pour repousser quelques attaques dirigées contre sa personne (10 et 24 octobre), et ne prenant qu'une part modérée aux travaux de la Constituante, où il se borna à voter contre l'amendement Grévy, contre les bons hypothécaires, contre l'abolition du remplacement militaire, et pour l'ensemble de la Constitution.

Cependant sa candidature à la présidence commençait à se dessiner nettement dans le pays, et les démocrates exaltés ne dissimulaient pas leurs inquiétudes à cet égard. Déjà M. Antony Thouret avait proposé un amendement qui prétendait « qu'aucun membre des familles qui avaient régné sur la France ne pût être élu président ou vice-président de la République. » L'amendement fut retiré après quelques paroles de protestation contre cette mesure, prononcées par le prince, puis rejeté, ainsi que quatre-vingt-quatre autres propositions rédigées dans le même esprit. M. Ferdinand Flocon essaya aussi, mais vainement, de contester les droits de Louis-Napoléon à la candidature de président de la République. L'Assemblée avait rapporté (10 octobre) la loi qui bannissait la famille Bonaparte, et comme l'élection présidentielle était fixée au 10 décembre, le prince publia son manifeste électoral le 27 novembre.

« Pour me rappeler de l'exil, disait-il, vous m'avez nommé représentant du peuple. A la veille d'élire le premier magistrat de la République, mon nom se présente à vous comme symbole d'ordre et de sécurité.

« Ces témoignages d'une confiance si honorable s'adressent, je le sais, bien plus à ce nom qu'à moi-même, qui n'ai rien fait encore pour mon pays ; mais plus la mémoire de l'Empereur me protége et inspire vos suffrages, plus je me sens obligé de vous faire connaître mes sentiments et mes principes. Il ne faut pas qu'il y ait d'équivoque entre vous et moi.

« Je ne suis pas un ambitieux qui rêve tantôt l'Empire et la guerre, tantôt l'application des théories subversives. Elevé dans des pays libres à l'école du malheur, je resterai toujours fidèle aux devoirs que m'imposeront vos suffrages et les volontés de l'Assemblée.

« Si j'étais nommé président, je ne reculerais devant aucun danger, devant aucun sacrifice pour défendre la société si audacieusement attaquée ; je me dévouerais tout entier, sans arrière-pensée, à l'affermissement d'une République sage par ses lois, honnête par ses intentions, grande et forte par ses actes.

« Je mettrais mon honneur à laisser, au bout de quatre ans, à mon successeur, le pouvoir affermi, la liberté intacte, un progrès réel accompli.

« Quel que soit le résultat de l'élection, je m'inclinerai devant la volonté du peuple, et mon concours est acquis d'avance à tout gouvernement juste et ferme qui rétablisse l'ordre dans les esprits comme dans les choses, qui protége efficacement la religion, la famille, la propriété, bases éternelles de tout état social ; qui provoque les réformes possibles, calme les haines, réconcilie les partis, et permette ainsi à la patrie inquiète de compter sur un lendemain.

« Rétablir l'ordre, c'est ramener la confiance,

pourvoir par le crédit à l'insuffisance passagère des ressources, restaurer les finances.

« Protéger la religion et la famille, c'est assurer la liberté des cultes et la liberté de l'enseignement.

« Protéger la propriété, c'est maintenir l'inviolabilité des produits de tous les travaux; c'est garantir l'indépendance et la sécurité de la possession, fondements indispensables de la liberté civile.

« Quant aux réformes possibles, voici celles qui me paraissent les plus urgentes :

« Admettre toutes les économies qui, sans désorganiser les services publics, permettent la diminution des impôts les plus onéreux au peuple ; encourager les entreprises qui, en développant les richesses de l'agriculture, peuvent, en France et en Algérie, donner du travail aux bras inoccupés; pourvoir à la vieillesse des travailleurs par des institutions de prévoyance; introduire dans nos lois industrielles les améliorations qui tendent, non à ruiner le riche au profit du pauvre, mais à fonder le bien-être de chacun sur la prospérité de tous.

« Restreindre, dans de justes limites, les emplois qui dépendent du pouvoir et qui souvent font d'un peuple libre un peuple de solliciteurs.

« Eviter cette tendance funeste qui entraîne l'Etat à exécuter lui-même ce que les particuliers peuvent faire aussi bien et mieux que lui. La centralisation des intérêts et des entreprises est dans la nature du despotisme ; la nature de la République repousse le monopole.

« Enfin, préserver la liberté de la presse des deux excès qui la compromettent toujours : l'arbitraire et sa propre licence.

« Avec la guerre, point de soulagement à nos maux. La paix serait donc le plus cher de mes désirs. La France, lors de la première Révolution, a été guerrière parce qu'on l'avait forcée à l'être. A l'invasion elle répondit par la conquête. Aujourd'hui qu'elle n'est pas provoquée, elle peut consacrer ses ressources aux améliorations pacifiques, sans renoncer à une politique loyale et résolue. Une grande nation doit se taire ou ne jamais parler en vain.

« Songer à la dignité nationale, c'est songer à l'armée, dont le patriotisme, si noble et si désintéressé, a été souvent méconnu. Il faut, tout en maintenant les lois fondamentales qui font la force de notre organisation militaire, alléger et non aggraver le fardeau de la conscription. Il faut veiller au présent et à l'avenir, non-seulement des officiers, mais aussi des sous officiers et des soldats, et préparer aux hommes qui ont servi longtemps sous les drapeaux une existence assurée.

« La République doit être généreuse et avoir foi dans son avenir ; aussi, moi, qui ai connu l'exil et la captivité, j'appelle de tous mes vœux le jour où la patrie pourra sans danger faire cesser toutes les proscriptions et effacer les dernières traces de nos discordes civiles.

« Tels sont, mes chers concitoyens, les idées que j'apporterais dans l'exercice du pouvoir, si vous m'appeliez à la présidence de la République. La tâche est difficile, la mission immense, je le sais! mais je ne désespérerais pas de l'accomplir en conviant à l'œuvre, sans distinction de parti, les hommes que recommandent à l'opinion publique leur haute intelligence et leur probité. D'ailleurs, quand on a l'honneur d'être à la tête du peuple français, il y a un moyen infaillible de faire le bien, c'est de le vouloir. »

Au sujet de ce manifeste, œuvre d'une grande

modération de langage et de pensée, M. le vicomte de la Guéronnière raconte, dans son *portrait politique* de Louis-Napoléon, l'anecdote suivante :

« C'était, dit-il, au mois d'octobre 1848. Le prince Louis-Napoléon Bonaparte préparait sa candidature à la présidence de la République. Il cherchait à rallier les partis sans se livrer à eux ; il recevait tout le monde ; il écoutait tous les conseils ; il accueillait toutes les idées sans énoncer ni engager les siennes. Un manifeste était nécessaire. Le général Cavaignac avait écrit le sien, dans six mois de pouvoir, avec la pointe de son épée, dans les actes de sa dictature militaire. Quel serait celui de son redoutable concurrent ?

« La France l'attendait. Louis-Napoléon le rédige avec cette netteté de pensée et de style qui est le cachet de tous ses écrits. Par déférence plus que par goût, il croit devoir consulter deux hommes qui appuyaient sa candidature : l'un, M. Thiers, avec les précautions d'un regret et d'une défiance ; l'autre, M. de Girardin, avec l'ardeur d'une sympathie loyale, incapable d'une réticence ou d'une trahison. A cette époque,

M. Véron ne s'était pas encore affranchi de la tutelle qui faisait sa plume mineure et son journal esclave. Le *Constitutionnel* suivait les inspirations de l'ancien président du conseil de la monarchie de juillet. C'était donc quelque chose d'important que l'approbation de M. Thiers.

« Dans l'honnêteté et le patriotisme de ses intentions, Louis-Napoléon Bonaparte avait écrit cette phrase :

« Je mettrais mon honneur à laisser, au bout
« de quatre ans, à mon successeur, le pouvoir
« affermi, la liberté intacte, un progrès réel
« accompli. »

— « Qu'allez-vous faire ? s'écria M. Thiers.
« Biffez, biffez cette phrase imprudente. Gardez-
« vous bien d'engagements de cette sorte. N'en-
« gagez rien. Réservez tout ! »

« Le manifeste contenait encore la phrase suivante : « La République doit être généreuse
« et avoir foi dans son avenir : aussi, moi,
« qui ai connu l'exil et la captivité, j'appelle
« tous mes vœux le jour où la patrie pourra,
« sans danger, faire cesser toutes les proscrip-
« tions et effacer les dernières traces de nos
« guerres civiles. »

« —Encore une imprudence ! s'écria M. Thiers, l'amnistie, quand le sang de la bataille de juin n'est pas effacé sur le pavé des barricades ! La bourgeoisie va crier haro ! Il s'agit bien d'être généreux ! il s'agit d'être habile. »

« M. Thiers, mécontent du manifeste de Louis-Napoléon, lui en soumit un autre qu'il avait fait préparer par M. Merruau, alors rédacteur en chef du *Constitutionnel*. Survint M. de Girardin :

« — Qu'en pensez-vous ? lui dit le prince, en lui présentant les deux manifestes.

— Je pense, répondit le rédacteur en chef de la *Presse*, que l'un est vrai comme la nature, et que l'autre est pâle comme une copie calquée derrière une vitre. Soyez vous-même : c'est ce qu'il y a de mieux. » Et comme Louis-Napoléon Bonaparte faisait part à M. de Girardin des scrupules de M. Thiers, à propos des deux phrases, l'une si honnête, l'autre si généreuse, dont il avait trouvé l'inspiration dans sa conscience et dans son cœur, son interlocuteur lui répondit : « Prince, ceci est sérieux. Voulez-vous, en effet, *mettre votre honneur à laisser, au bout de quatre ans, à votre successeur, le pouvoir affermi, la liberté intacte, le progrès réel accompli?* Conservez la phrase. Ne le voulez-vous pas? Oh! alors, biffez-la bien vite. »

« Louis-Napoléon Bonaparte ne biffa pas la phrase. »

La France répondit, le 10 décembre, à cette profession de foi par 5.434,226 suffrages, sur 7 millions et demi de votants, tandis que le général Cavaignac n'obtenait que 1,469,166 voix, et que 400,000 environ se partageaient entre MM Ledru-Rollin et Raspail. Le 20 décembre, M. Waldeck-Rousseau, chargé de rendre compte à l'Assemblée des résultats de l'élection, s'exprima en ces termes :

« La voix du peuple a parlé au nom du pays tout entier; c'est la sanction de son inviolable puissance. Par le nombre des suffrages obtenus, le citoyen Louis Bonaparte est donc l'élu du peuple français. Le pouvoir exécutif doit lui être remis par vous sans secousses, avec calme et dignité, comme il convient à une grande nation. »

Puis, quand le général Cavaignac eut témoigné sa gratitude à l'Assemblée en lui remettant ses pouvoirs, M. Armand Marrast invita le président de la République à monter à la tribune pour prêter serment. Dès qu'il eut rempli cette formalité, le prince s'adressant aux représentants, au milieu de l'émotion profonde produite par les incidents de cette scène solennelle :

« Les suffrages de la nation et le serment que je viens de prêter commandent ma conduite future. Mon devoir est tracé ; je le remplirai en homme d'honneur. Je verrai des ennemis de la patrie dans tous ceux qui tenteraient de changer, par des voies illégales, ce que la France entière a établi. Entre vous et moi, citoyens représentants, il ne saurait y avoir de véritables dissentiments. Nos volontés, nos désirs sont les mêmes. Je veux, comme vous, rasseoir la société sur ses bases, affermir les institutions démocratiques, et rechercher tous les moyens propres à soulager les maux de ce peuple généreux et intelligent, qui vient de me donner un témoignage si éclatant de sa confiance. La majorité que j'ai obtenue, non-seulement me pénètre de reconnaissance, mais elle donnera au gouvernement nouveau la force morale sans laquelle il n'y a pas d'autorité. Avec la paix et l'ordre, notre pays peut se relever, guérir ses plaies, ramener les hommes égarés, et calmer les passions. Animé de cet esprit de conciliation, j'ai appelé près de moi des hommes honnêtes, capables et dévoués au pays, assuré que, malgré les diversités d'origine politique, ils sont d'accord pour concourir avec vous à l'application de la Constitution, au perfectionnement des lois, à la gloire de la République.

« La nouvelle administration, en entrant aux affaires, doit remercier celle qui la précède des efforts qu'elle a faits pour transmettre le pouvoir intact, pour maintenir la tranquillité publique. La conduite de l'honorable général Cavaignac a été digne de la loyauté de son caractère et de ce sentiment du devoir qui est la première qualité du chef d'un État. Nous avons, citoyens représentants, une grande mission à remplir, c'est de fonder une République dans l'intérêt de tous et un gouvernement juste, ferme, qui soit animé d'un sincère amour du progrès sans être réactionnaire ou utopiste. Soyons les hommes du pays, non les hommes d'un parti, et, Dieu aidant, nous ferons du moins le bien, si nous ne pouvons faire de grandes choses. »

En quittant la tribune, le prince alla serrer

affectueusement la main du général Cavaignac, sortit du palais de l'Assemblée, accompagné des questeurs MM. Le Breton, Degoüsée et Bureaux de Pusy, et prit le chemin de l'Élysée national, qu'un décret lui avait assigné pour résidence.

V

Aussitôt qu'il y fut installé, le président de la République choisit ses ministres parmi les diverses fractions de la majorité de l'Assemblée, et son premier cabinet fut ainsi composé : M. Odilon-Barrot, que M. Abbatucci eut beaucoup de peine à rallier à Louis-Napoléon, à la justice, chargé de présider le Conseil en l'absence du prince; M. Drouyn de Lhuys aux affaires étrangères; M. Léon de Malleville, à l'intérieur; le général Rulhières, à la guerre; M. de Tracy, à la marine et aux colonies ; M. de Falloux, à l'instruction publique; M. Léon Faucher, aux travaux publics; M. Bixio, à l'agriculture et au commerce; M. Passy (Hippolyte), aux finances. Le commandement de l'armée de Paris fut confié au général Changarnier, déjà commandant supérieur des gardes nationales de la Seine. De son côté, l'Assemblée, gagnée par l'exemple de cet esprit de conciliation, nomma pour vice-président M. Boulay de la Meurthe, connu pour son attachement au chef du pouvoir. Dès lors, tout parut s'éclaircir à l'horizon politique. Le crédit public commença de se raffermir; les rentes de l'État, les actions de la Banque de France, celles des chemins de fer, toutes les valeurs montèrent chaque jour à la Bourse de Paris; les ateliers se rouvrirent, les affaires s'améliorèrent dans les centres manufacturiers; partout se révélèrent des symptômes caractéristiques de confiance générale; le pays revenait à la sécurité et se reprenait à vivre de sa vie normale. Le 24 décembre, le président de la République, passant en revue la garde nationale et une partie des troupes de l'armée de Paris, fut salué par des cris d'enthousiasme. Le 26, M. Odilon-Barrot vint présenter à l'Assemblée le programme ministériel : « Relever et consolider l'autorité, rétablir et maintenir l'ordre, rendre au pays la sécurité qui peut seule permettre à la République de donner l'essor aux grandes conceptions, aux pensées généreuses, au développement de l'existence générale et des mœurs politiques. L'élection du 10 décembre, ajouta le ministre, a mis dans les mains du gou-

4.

vernement une force immense ; notre devoir est d'empêcher que cette force n'avorte ni ne s'égare. »

Un dissentiment, survenu entre le président de la République et le ministre de l'intérieur, ne tarda pas à modifier le cabinet. Le prince se plaignait qu'on ne lui envoyât pas régulièrement les dépêches télégraphiques et avait en outre éprouvé des difficultés à se faire communiquer les dossiers de l'affaire de Boulogne, déposés sous scellés au ministère de l'intérieur. M. de Malleville fut remplacé par M. Léon Faucher ; M. Lacrosse entra aux travaux publics, et M. Bixio, que la situation avait imposé, céda le portefeuille de l'agriculture et du commerce à M. Buffet.

Cependant, l'union entre l'Assemblée et le Pouvoir exécutif n'était qu'apparente ; il existait chez la première, que l'élection du neveu de l'Empereur avait dépouillée de son prestige, un sentiment de défiance qui se manifesta par des actes, tels que le vote de la réduction immédiate de l'impôt du sel (1er janvier 1849), plus tard la suppression de celui des boissons, et surtout la décision que la Constituante prolongerait sa propre existence jusqu'après la promulgation des dix lois organiques, dont elle désirait entourer la Constitution pour affermir le système républicain. Mais sous la pression de l'opinion publique, traduite en volumes de pétitions, elle admit la fameuse proposition Rateau, ayant pour but de faire fixer définitivement le jour de la clôture de ses travaux, et dut céder la place à une assemblée plus sympathique au Pouvoir exécutif. Au reste, en dépit de cet antagonisme évident, le gouvernement prenait les mesures propres à rassurer la société, retirant un projet de loi trop radical du ministère Carnot sur l'enseignement primaire; proposant une loi qui devait détruire l'école d'administration créée par le Gouvernement provisoire; déposant en même temps un projet relatif à l'enseignement administratif et à l'instruction publique, et demandant la clôture absolue des clubs. Le 29 janvier 1849, la réorganisation de la garde mobile donna lieu à une petite émeute bien vite étouffée par l'énergie des mesures répressives.

Pendant que la Constituante terminait sa carrière par le vote de la loi sur le Conseil d'État, et celui de la loi électorale, deux graves événements détournèrent l'attention publique. Le premier fut la défaite du roi de Piémont à la bataille de Novare ; défaite suivie de l'abdication du brave Charles-Albert en faveur de son fils aîné qui prit le titre de Victor Emmanuel II.

Le second événement fut le procès des accusés de l'attentat du 15 mai qui se dénoua à la haute cour de justice de Bourges par l'acquittement de quelques-uns et la condamnation du plus grand nombre des prévenus.

Dès son entrée au Pouvoir, Louis-Napoléon montra la plus grande sollicitude pour l'armée et les classes laborieuses, sans oublier l'intér t qu'il devait porter à la situation du commerce et de l'industrie, ainsi qu'aux établissements de bienfaisance. Voulant tout connaître par lui-même, il visita les principaux ateliers de Paris, le musée d'artillerie, les salles de campement militaire ; parcourut les hôpitaux encombrés, en 1849, des victimes du choléra, encouragea la construction des cités ouvrières « destinées, disait-il, à moraliser le peuple et à augmenter son bien-être. »

L'Assemblée Législative se réunit, le 28 mai 1849, sous la présidence de M. Dupin aîné, et, peu de jours après (2 juin), Louis-Napoléon donnait, à la majorité, de nouveaux représentants

au ministère dans la personne de MM. Dufaure, de Tocqueville et Lanjuinais. Le 7, il envoyait son premier message, où il disait notamment :
« Mon élection à la première magistrature de la République avait fait naître des espérances qui n'ont point encore pu toutes se réaliser. Jusqu'au jour où vous vous êtes réunis dans cette enceinte, le Pouvoir exécutif ne jouissait pas de la plénitude de ses prérogatives constitutionnelles. Dans une telle position, il lui était difficile d'avoir une marche bien assurée. Néanmoins, je suis resté fidèle à mon manifeste.

« A quoi, en effet, me suis-je engagé en acceptant les suffrages de la nation ? — A défendre la société audacieusement attaquée ; à affermir une République sage, grande, honnête ; à protéger la famille, la religion, la propriété ; à provoquer toutes les améliorations et toutes les économies possibles ; à protéger la presse contre l'arbitraire et la licence ; à diminuer les abus de la centralisation ; à effacer les traces de nos discordes civiles ; enfin, à adopter à l'extérieur une politique sans arrogance comme sans faiblesse.

« Deux sortes de lois seront présentées à votre approbation : les unes pour rassurer la société et réprimer les excès, les autres pour introduire partout des améliorations... J'appelle, sous le drapeau de la République et sur le terrain de la Constitution, tous les hommes dévoués au salut du pays. Je compte sur leur concours et sur leurs lumières pour m'éclairer, sur ma conscience pour me conduire, sur la protection de Dieu pour accomplir ma mission. »

Ce message parut concilier au prince président une sorte de majorité qui se dessina par son vote approbatif de la conduite du gouvernement dans la question romaine. Mais la Montagne, qui considérait au contraire le siége de Rome comme une violation de la Constitution, parla de mettre le président de la République et ses ministres en accusation et recourut même à l'insurrection (13 juin). Quelques barricades furent élevées et bientôt renversées; les chefs du mouvement, après avoir essayé d'installer une dictature dans le Conservatoire des Arts-et-Métiers, furent réduits à s'échapper par une fenêtre et passèrent en Angleterre. De son côté, Louis-Napoléon était sorti à cheval de l'Élysée, dès le matin, pour parcourir tous les endroits où l'insurrection s'était montrée, et ne rentra au palais présidentiel qu'à dix heures du soir, quand tout danger eut disparu.

Le soir même du 13 juin, le prince envoyait au *Moniteur* une proclamation qui fut affichée le lendemain sur les murs de Paris, et où il disait : « Il est temps que les bons se rassurent, et que les méchants tremblent. La République n'a pas d'ennemis plus implacables que ces hommes qui, perpétuant le désordre, nous forcent à changer la France en un camp, nos idées d'amélioration et de progrès en préparatifs de lutte et de défense. Élu par la nation, la cause que je défends est la vôtre ; c'est celle de vos familles, de vos propriétés; celle du pauvre comme celle du riche; celle de la civilisation tout entière... Je ne reculerai devant rien pour la faire triompher. »

Au reste, la pensée de l'expédition romaine, qui avait servi de prétexte à la révolte, fut nettement exprimée dans la fameuse lettre du président de la République au colonel Edgard Ney. C'était à la fois une sorte de programme politique auquel répondit imparfaitement le *proprio motu* de Pie IX, et une verte leçon à l'adresse des cardinaux chargés de gouverner la ville de Rome jusqu'au retour du saint père ; lesquels, oubliant leur mission de paix et d'oubli, avaient commis l'impardonnable faute d'omettre, systématiquement, le nom de la France dans leur proclamation aux Romains. Voici ce document, qui produisit une si grande sensation dans le pays :

« Mon cher Ney, la République française n'a pas envoyé une armée à Rome pour y étouffer la liberté italienne, mais au contraire pour la régler en la préservant de ses propres excès, et pour lui donner une base solide, en remettant sur le trône pontifical le prince qui s'était placé hardiment à la tête de toutes les réformes utiles.

« J'apprends avec peine que les intentions bienveillantes du Saint-Père, comme notre propre action, restent stériles en présence de passions et d'influences hostiles. On voudrait donner, comme base à la rentrée du Pape, la proscription et la tyrannie. Dites de ma part au général Rostolan qu'il ne doit pas permettre qu'à l'ombre du drapeau tricolore on commette aucun acte qui puisse dénaturer le caractère de notre intervention.

« Je résume ainsi le rétablissement du Pouvoir temporel du Pape : *amnistie générale, sé-*

cularisation de l'Administration, Code Napoléon et Gouvernement libéral.

« J'ai été personnellement blessé, en lisant 'a proclamation des trois cardinaux, de voir qu'il n'était pas même fait mention du nom de la France ni des souffrances de nos braves soldats.

« Toute insulte faite à notre drapeau ou à notre uniforme me va droit au cœur, et je vous prie de bien faire savoir que si la France ne vend pas ses services, elle exige au moins qu'on lui sache gré de ses sacrifices et de son abnégation. Lorsque nos armées firent le tour de l'Europe, elles laissèrent partout, comme trace de leur passage, la destruction des abus de la féodalité et des germes de liberté ; il ne sera pas dit qu'en 1849, une armée française ait pu agir dans un autre sens, ni amener d'autres résultats.

« Dites au général de remercier, en mon nom, l'armée de sa noble conduite. J'ai appris avec peine que, physiquement même, elle n'était pas traitée comme elle devait l'être. Rien ne doit être négligé pour établir convenablement nos troupes.

« Recevez, mon cher Ney, l'assurance de ma sincère amitié. — LOUIS-NAPOLÉON-BONAPARTE. »

Dans le but de réveiller la confiance dans le

pays, le président de la République résolut, dès le commencement de juillet, de visiter une partie des départements. A Chartres, il inaugure le chemin de fer ; Amiens, la ville légitimiste par excellence, lui fait un accueil sympathique ; à Ham, il proclame, dans un toast, l'aveu de deux erreurs de sajeunesse ; à Tours, à Nantes, à Saumur, à Angers, où l'appelle l'inauguration d'un chemin de fer, il prononce de ces mots auxquels le peuple français applaudit toujours, parce qu'il y voit des promesses pour l'avenir : « Tant que je serai président de la République, dit-il, il n'y aura pas de parti opprimé. » — A Saumur, il saisit l'occasion d'exalter cet esprit militaire « qui dans les temps de crise, est la sauvegarde de la patrie. » A Tours, il repousse l'idée d'un coup d'état : « Nous ne sommes pas, s'écrie-t-il, dans des conditions qui nécessitent de si héroïques remèdes. » A Elbeuf, il répond à un ouvrier: « Vous ne vous trompez pas en pensant que ma sollicitude est acquise à la classe ouvrière ; mes efforts auront toujours pour objet d'améliorer sa position. » A Rouen, au Hâvre, à Epernay, à Sens, partout enfin il recueille des témoignages de sympathie et laisse d'heureux souvenirs de son passage.

Au début de sa seconde session, l'Assemblée Législative avait déjà approuvé, à une majorité de trois cents voix, la conduite du pouvoir exécutif dans les affaires d'Italie, quand, le 31 octobre 1849, un message du prince président, en révélant des tiraillements au sein du ministère, vint annoncer un changement de politique, dont un nouveau cabinet allait être l'expression. « Pour raffermir la République menacée de tous côtés par l'anarchie, disait le prince, pour assurer l'ordre plus efficacement qu'il ne l'a été jusqu'à ce jour, pour maintenir à l'extérieur le nom de la France à la hauteur de sa renommée, il faut des hommes qui, animés d'un sentiment patriotique, comprennent la nécessité d'une direction unique et ferme et d'une politique nettement formulée, qui ne compromettent le pouvoir par aucune irrésolution, qui soient aussi préoccupés de ma propre responsabilité que de la leur, et de l'action que de la parole.... Tout un système a triomphé au 10 décembre, car le nom de Napoléon est à lui seul tout un programme : il veut dire, à l'intérieur, ordre, autorité, religion, bien-être du peuple ; à l'extérieur, dignité nationale. C'est cette politique, inaugurée par mon élection, que je veux faire triompher avec l'appui de l'Assemblée et celui du peuple.

« Relevons donc l'autorité sans inquiéter la vraie liberté. Calmons les craintes en domptant hardiment les mauvaises passions, et en donnant à tous les nobles instincts une direction utile. Affermissons le principe religieux, sans rien abandonner des conquêtes de la Révolution, et nous sauverons le pays, malgré les partis, les ambitions et même les imperfections que nos institutions pourraient renfermer. »

Ce message, par lequel le prince déclarait vouloir rendre à l'autorité toute son indépendance, fut accueilli avec un sentiment de froideur par les chefs des anciens partis, qu'on laissait complétement de côté, et le nouveau ministère, quoique parlementaire encore, mais plus accentué en faveur de l'initiative présidentielle, fut presque l'objet de leurs dédains. Voici quelle était la nouvelle combinaison : MM. Ferdinand Barrot à l'intérieur ; Achille Fould aux finances ; Rouher à la justice ; de Parieu à l'instruction publique et aux cultes ; le général d'Hautpoul à la guerre ; Dumas à l'agriculture et au commerce ; Romain-Desfossés à la marine ; Bineau aux travaux publics ; le général La Hitte aux affaires étrangères.

Malgré la rupture de l'accord qui existait entre le pouvoir législatif et le pouvoir exécutif, le gouvernement obtint le rétablissement de l'impôt des boissons (13 décembre), une loi qui soumettait les instituteurs à l'autorité du préfet (20 décembre), et qui, complétée le 12 janvier suivant, fut le prélude de la loi organique du 15 mars 1850 sur l'enseignement.

Cependant des élections se préparent pour remplacer trente députés frappés par la haute cour de Versailles, et sont favorables au parti socialiste (10 mars, 28 avril). La majorité, irritée, et M. Baroche, qui avait remplacé M. Ferdinand Barrot, y répondent, de concert, par la loi du 31 mai, restrictive du suffrage universel. « Cette loi, s'écrie M. de Lamartine, est un coup d'État par interprétation. — C'est une violation de la Constitution, ajoute le général Cavaignac. — C'est une mutilation du suffrage universel, continue M. Victor Hugo. — Personne, réplique M. Thiers, ne songe à attaquer le suffrage universel, à éloigner le peuple de l'urne électorale ; c'est la *vile multitude* que la loi veut écarter ;

ce sont les mauvaises blouses, ces ouvriers nomades, toujours dociles au mot d'ordre, qu'ils vont prendre au cabaret. » La loi fut votée, et à la suite, la loi sur la déportation à Noukahiva (8 juin), un crédit de 2,560,000 fr. pour les frais de la présidence (24 juin), une loi rigoureuse sur la presse, avec rétablissement du timbre, élévation du cautionnement et la signature obligatoire (16 juillet). Pour le crédit supplémentaire relatif à la représentation du chef de l'Etat, les monarchistes s'étaient montrés fort malveillants. « C'est un commencement de liste civile, avaient dit les uns ; — c'est le prix de la loi inconstitutionnelle qu'il vient de nous accorder, ajoutaient les autres. » « Si vous voulez donner, reprit M. Mathieu (de la Drôme), qui appartenait à la gauche, ne marchandez pas ; si vous voulez refuser, n'humiliez pas, la dignité du pouvoir y perdrait, et vous n'y gagneriez rien. La loi passa à une faible majorité, et dès-lors on put prévoir quel orage devait surgir, un jour, de ces sentiments hostiles, contenus seulement par la prudence du président.

La prorogation de l'Assemblée, du 11 août au 11 novembre, est l'occasion de nouvelles discordes ; tous les partis s'agitent et lancent des manifestes, pendant que Louis-Napoléon multiplie ses voyages pour accroître sa popularité, inaugure des chemins de fer, passe des revues au Champ-de-Mars et à Satory, au milieu des cris inconstitutionnels de *Vive l'Empereur* ! assiste à des banquets officiels, parmi lesquels celui que lui donne l'Hôtel-de-Ville, pour célébrer l'anniversaire du 10 décembre, lui offre l'occasion de soulever un coin du voile qui cache encore aux regards le tableau magique des futures transformations de Paris : « Le calme est revenu dans les esprits, dit-il ; les dangers ont disparu ; on compte sur l'avenir, parce qu'on sait que, si des modifications doivent avoir lieu, elles s'accompliront sans troubles.... Mettons tous nos efforts à embellir cette grande cité, à améliorer le sort de ses habitants... Ouvrons des rues nouvelles, assainissons les quartiers populeux qui manquent d'air et de jour.... » Déjà, grâce à l'initiative des ministres de Louis-Napoléon, on avait préludé à la réalisation de ces deux projets par le vote de deux lois : l'une prescrivant le déblaiement complet de la place du Carrousel et la continuation de la rue de Rivoli ; l'autre ordonnant l'assainissement des logements insalubres.

Pendant que les sympathies du peuple et de l'armée grandissaient autour du Prince-Président, plus ardentes chaque jour, plus compactes sous l'influence de ses habiles promesses, la commission de permanence gardait avec soin le secret de ses travaux et de ses intrigues, et la presse de l'opposition continuait à répandre l'inquiétude et l'agitation dans le pays par ses commentaires malveillants. A la reprise des séances de l'Assemblée législative (11 novembre). M. Baroche, l'un des ministres, donna lecture du message annuel du président de la République sur la situation générale des affaires. La question, qui occupait le plus alors les esprits, y était nettement abordée en ces termes : « Les Conseils généraux ont en grand nombre émis le vœu de la révision de la Constitution. Ce vœu ne s'adresse qu'au pouvoir législatif. Quant a moi, élu du peuple, ne relevant que de lui, je me conformerai toujours à ses volontés légalement exprimées... Si, dans cette session, vous votez la révision, une Constituante viendra refaire nos lois fondamentales et régler le sort du pouvoir exécutif. Si vous ne la votez pas, le peuple, en

1852, manifestera solennellement l'expression de sa volonté nouvelle. Mais, quelles que puissent être les solutions de l'avenir, entendons-nous, afin que ce ne soit jamais la passion, la surprise ou la violence qui décident du sort d'une grande nation. » Et cet appel à la concorde des pouvoirs publics, il le répétait en toute occasion; car son ambition était de rendre à la patrie ses jours de grandeur et de prospérité, en lui rendant le calme et la sécurité. « Le repos dont jouit la France, disait-il encore au banquet que lui avait offert le président de l'Assemblée (18 novembre), a donc aussi son danger; les périls réunissent, la sécurité divise ; le bien ne peut-il se produire sans porter en soi un germe de dissolution ? Rien ne serait plus digne des pouvoirs publics que de donner l'exemple du contraire. »

Vains efforts, inutiles regrets ! Il existait entre les deux pouvoirs un antagonisme qui ne devait cesser fatalement que par la chute profonde de l'un des deux adversaires; mais, dans cette lutte terrible, à laquelle assistait le pays avec la plus vive anxiété, le général Changarnier, légitimiste, dit-on, quoiqu'il eût grandi dans la carrière des armes sur les champs de bataille, où combattaient à ses côtés les fils d'Orléans, s'était rangé, pour ainsi dire, dans le camp du pouvoir législatif. Or, investi d'un double commandement militaire, il était devenu un troisième pouvoir dans l'Etat. Au lieu d'être le bras du Président, « il exerçait sur lui une tutelle hautaine, et était présenté par tous les partis comme le Monk d'une restauration monarchique (VAPEREAU). » Cette position était intolérable ; de menaçante qu'elle était, elle fut bientôt menacée. La majorité s'en émut et s'en prit aux ministres, qui firent place à un nouveau cabinet, ainsi composé (**10** janvier) : MM. Drouyn de Lhuys, Regnault de Saint-Jean-d'Angely, Ducos, Magne, Bonjean, de Parieu, Fould et Baroche. Le décret, qui constituait ce ministère, était suivi d'un décret qui brisait les pouvoirs du général Changarnier ; acte énergique d'autorité, que l'Assemblée accueillit par des cris d'impuissante colère, en déclarant que le nouveau ministère n'avait pas sa confiance ; les ministres se retirèrent, et le chef du pouvoir, ne pouvant ni choisir un cabinet dans une majorité hostile, ni revenir sur la révocation du général Changarnier, forma un cabinet de transition pour l'expédition des affaires (27 janvier.) « Les hommes honorables (1) qui acceptent cette tâche patriotique, écrivait-il au président de l'Assemblée, auront des droits à la reconnaissance du pays ; l'administration continuera donc comme par le passé ; les préventions se dissiperont au souvenir des déclarations solennelles du message du 12 novembre ; la majorité réelle se reconstituera ; l'harmonie sera rétablie, sans que les deux pouvoirs aient rien sacrifié de la dignité qui fait leur force ; la France veut avant tout le repos, et elle attend de ceux qu'elle a investis de sa confiance une conciliation sans faiblesse, une fermeté calme, l'impassibilité dans le droit. »

A la lecture de ce document, la coalition éclata en menaces contre le Président de la République. Un membre de la majorité, M. Howyn-Tranchère, propose un vote de censure contre Louis-Napoléon ; l'Assemblée se borne à adopter l'ordre du jour pur et simple ; mais elle témoigne son res-

(1) C'étaient MM. *Brénier*, aux affaires étrangères ; *Charles Giraud*, à l'instruction publique ; *Magne*, aux travaux publics ; *Randon*, à la guerre ; *Royer*, à la justice ; *Schneider*, à l'agriculture et au commerce ; *Vaillant*, à la marine ; *Vaïsse*, à l'intérieur.

sentiment quelques jours après, en refusant le crédit supplémentaire de 1,800,000 fr., demandé pour les frais de représentation de la présidence. Au milieu de ces dissentiments, compliqués par les préoccupations relatives à la réélection prochaine du Président de la République et à la révision de la Constitution, le ministère, trop faible pour affronter les débats de cette dernière question, fut remplacé par une nouvelle combinaison empruntée aux cabinets du 20 décembre 1848 et du 30 octobre 1849 : elle comprenait, sans président de conseil, MM. *Baroche*, affaires étrangères; *Rouher*, justice; *Fould*, finances; *Léon Faucher*, intérieur; *Buffet*, agriculture, commerce; *Chasseloup-Laubat*, marine; *de Crouseilhes*, instruction, cultes; *Randon*, guerre; *Magne*, travaux publics.

Ce cabinet, résolu de maintenir la loi du 31 mai, parut rallier une bonne majorité (10 avril). Mais les partis n'étaient pas d'accord sur le terrain de la révision; chacun en voulait bien à son profit, mais tous, excepté celui de l'Elysée, en redoutaient les résultats, et penchaient à la repousser. De là les déclamations ardentes de la tribune et des journaux, qui ne tendaient à rien moins qu'à déconsidérer le pouvoir ; tandis que, d'un autre côté, les amis du Prince Président s'efforçaient d'amener par d'innombrables pétitions soit une révision totale, soit une révision partielle, mais, surtout, une prorogation de la présidence.

Louis-Napoléon, dont toutes les paroles étaient alors recueillies et commentées avec une attention particulière, ne se faisait pas faute d'user de représailles contre ses adversaires, dans toutes les occasions qui s'offraient à lui de parler au peuple. Lors de l'inauguration du chemin de fer de Dijon (1er juin 1851), il laissa échapper ses plaintes : « Si mon gouvernement, dit-il, n'a pas pu réaliser toutes les améliorations qu'il avait en vue, la faute en est à l'Assemblée nationale, en qui j'ai toujours trouvé aide et bon vouloir pour les lois de compression, mais dont le concours m'a constamment manqué pour celles d'amélioration et de progrès. » A Beauvais, le 6 juillet, où l'appelle l'inauguration de la statue de Jeanne-Hachette, il dissipe d'un mot les ténèbres de l'avenir : « Il est encourageant de penser que, dans les dangers extrêmes, la Providence réserve souvent *à un seul d'être l'instrument du salut de tous.* »

Or les partis, qui divisaient l'Assemblée nationale, s'inquiétaient fort de cet accroissement de popularité, que le prince rapportait de ses voyages, et le discours de Dijon, dont le *Moniteur* avait altéré le texte, leur semblait une menace de coup d'Etat. Ainsi partout le pays se passionnait. Pendant les vacances parlementaires, 80 conseils généraux exprimèrent des vœux pour la révision. Les arrestations, les procès de presse se multipliaient; l'agitation se répandait dans la province. Les départements du Cher et de la Nièvre étaient mis en état de siége (21 octobre). Le Ministère, qui n'osait s'associer à l'abrogation de la loi du 31 mai et au rétablissement du suffrage universel, fit place à un nouveau cabinet composé de MM. Casabianca, Lacrosse, Fortoul, Giraud, Thorigny, Daviel, général Saint-Arnaud, Turgot, Lefebvre-Duruflé (26 octobre).

Toutes ces mesures furent considérées comme une déclaration de guerre par l'Assemblée, qui avait repris ses travaux le 4 novembre, tandis que le président de la République les justifiait franchement par son message du même jour; il y disait :

« Une vaste conspiration démagogique s'organise en France et en Europe. Les sociétés secrètes cherchent à étendre leurs ramifications jusque dans les moindres communes ; tout ce que les partis renferment d'insensé, de violent, d'incorrigible, sans être d'accord sur les hommes ni les choses, s'est donné rendez-vous en 1852, non pour bâtir, mais pour renverser.

« Dans un tel état de choses, mon devoir est le même aujourd'hui qu'hier. Il consiste à maintenir l'ordre, à faire disparaître toute cause d'agitation, afin que les résolutions qui décideront de notre sort soient conçues dans le calme et adoptées sans contestation.

« Ces résolutions ne peuvent émaner que d'un acte décisif de la souveraineté nationale, puisqu'elles ont toutes pour base l'élection populaire. Eh bien ! je me suis demandé s'il fallait, en présence du délire des passions, de la confusion des doctrines, de la division des partis, alors que tout se ligue pour enlever à la morale, à la justice, à l'autorité leur dernier prestige ; s'il fallait, dis-je, laisser ébranlé et incomplet le seul principe qu'au milieu du chaos général la Providence ait maintenu debout pour nous rallier. Quand le suffrage universel a relevé l'édifice social, par cela même qu'il substituait un droit à un fait révolutionnaire, est-il sage d'en restreindre plus longtemps la base ? Enfin, je me suis demandé si, lorsque des Pouvoirs nouveaux viendront présider aux destinées du pays, ce n'était pas d'avance compromettre leur stabilité que de laisser un prétexte de discuter leur origine et de méconnaître leur légitimité.

« Le doute n'était pas possible, et, sans vouloir m'écarter un instant de la politique d'ordre que j'ai toujours suivie, je me suis vu obligé, bien à regret, de me séparer d'un ministère qui avait toute ma confiance, pour en choisir un autre, composé également d'hommes honorables, connus par leurs sentiments conservateurs, mais qui voulussent admettre la nécessité de rétablir le suffrage universel sur la base la plus large possible.

« Il vous sera donc présenté un projet de loi qui restitue au principe toute sa plénitude.

. . . .

« Ici une raison décisive appelle votre attention.

« Le rétablissement du vote universel sur sa base rationnelle donne une chance de plus d'obtenir la révision de la Constitution. Vous n'avez pas oublié pourquoi, dans la session dernière, le adversaires de cette révision se refusaient à la voter. Ils s'appuyaient sur cet argument qu'ils savaient rendre spécieux : La Constitution, disaient-ils, œuvre d'une Assemblée issue du suffrage de tous, ne peut pas être modifiée par une Assemblée née du suffrage restreint. Que ce soit là un motif réel ou un prétexte, il est bon de l'écarter et de pouvoir dire à ceux qui veulent lier le pays à une Constitution immuable : « Voilà le suffrage universel rétabli. »

« La majorité de l'Assemblée, soutenue par deux millions de pétitionnaires, par le plus grand nombre des Conseils d'arrondissement, par la presque totalité des Conseils généraux, demande la révision du Pacte fondamental. Avez-vous moins confiance que nous dans l'expression de la volonté populaire? La question se résume donc ainsi pour tous ceux qui souhaitent le dénouement pacifique des difficultés du jour.

. . . .

« La proposition que je vous fais, Messieurs, n'est ni une tactique de parti, ni un calcul égoïste, ni une résolution subite : c'est le résultat de méditations sérieuses et d'une conviction profonde. Je ne prétends pas que cette mesure fasse disparaître toutes les difficultés de la situation. Mais à chaque jour sa tâche. Aujourd'hui, rétablir le suffrage universel, c'est enlever à la guerre civile son drapeau, à l'opposition son dernier argument. Ce sera fournir à la France la possibilité de se donner des institutions qui assurent son repos. Ce sera rendre aux pouvoirs à venir cette force morale qui n'existe qu'autant qu'elle repose sur un principe consacré et sur une autorité incontestable. »

Ce programme, qui expliquait si nettement la situation, en annonçant le rétablissement du suffrage universel, fut accompagné d'un projet de loi électorale en ce sens. A ce projet de loi rejeté le 13 novembre, les trois questeurs, MM. Baze, Le Flô et de Panat répondirent par la proposition de deux décrets « qui remettaient, entre les mains du président de la Législative, le commandement des forces de l'armée et de la garde nationale, faisant partie de la 1re division militaire, et enjoignaient à tout commandant de n'obéir qu'aux ordres du général chargé de la sûreté de l'Assemblée. »

Cette proposition fut repoussée ; mais elle ne laissait plus subsister aucun doute sur l'antagonisme qui existait entre les deux pouvoirs; les méfiances se révélaient des deux parts, on se mesurait, on se menaçait. Véritable duel dont l'issue devait être ou la mise en accusation du Président de la République, ou une révolution par un coup d'État. Or, tandis que l'irritation grandissait dans l'Assemblée pendant les débats relatifs aux lois organiques de l'administration municipale et de la responsabilité des agents du pouvoir, le prince, évidemment menacé d'être envoyé à Vincennes, prenait ses mesures pour déjouer la conspiration parlementaire.

Il commença par concentrer des troupes et par appeler à la Préfecture de police le préfet de la Haute-Garonne, M. de Maupas, homme d'une grande énergie, unie à une vaste ambition, et sur le dévouement duquel il croyait pouvoir compter.

Le 9 novembre, il se fit présenter par le général Magnan, qu'il venait d'investir du commandement de l'armée de Paris, les corps d'officiers nouvellement arrivés. « Si jamais, leur dit-il, le jour du danger arrivait, je ne ferais pas comme les gouvernements qui m'ont précédé, et je ne vous dirais pas : marchez, je vous suis ; mais je vous dirais : Je marche, suivez-moi. » Et, en distribuant, le 25, des récompenses aux industriels français de l'Exposition de Londres, il laissait tomber de ses lèvres ces paroles fatidiques : « Comme elle pourrait être grande la République française, s'il lui était permis de vaquer à ses véritables affaires et de réformer ses institutions, au lieu d'être sans cesse troublée, d'un côté par les idées démagogiques, et de l'autre par les hallucinations monarchiques !... Tout ce qui est dans la nécessité des temps doit s'accomplir. L'inutile seul ne saurait revivre... Ne redoutez pas l'avenir. La tranquillité sera maintenue, quoiqu'il arrive. Un gouvernement, qui s'appuie sur la masse entière de la nation, qui n'a d'autre mobile que le bien public, et qu'anime cette foi ardente qui vous guide sûrement, même à travers un espace où il n'y a pas de route tracée, ce gouvernement, dis-je, saura remplir sa mission. »

Pendant que la loi du 31 mai était appliquée, pour la première fois, à l'élection du député appelé à remplacer le général Magnan, Louis-Napoléon préparait, dans le plus grand secret, de concert avec M. de Morny, M. de Maupas et M. de Saint-Arnaud, ministre de la guerre, la grande mesure qui devait lui donner raison de ses adversaires ou le précipiter dans l'abîme; l'heure était décisive; le président de la République joua la partie avec autant d'audace que d'habileté.

VI

Le mardi, 2 décembre, à sept heures du matin, les habitants de Paris purent lire sur les murailles, le décret suivant :

« AU NOM DU PEUPLE FRANÇAIS,

« Le président de la République décrète :

« *Article* 1er. L'Assemblée nationale est dissoute.

« *Article* 2. Le suffrage universel est rétabli ; la loi du 31 mai est abrogée.

« *Article* 3. Le peuple français est convoqué dans ses comices à partir du 14 décembre jusqu'au 21.

« *Article* 4. L'état de siége est décrété dans l'étendue de la 1re division militaire.

Article « 5. Le Conseil d'Etat est dissous.

« *Article* 6. Le ministre de l'intérieur est chargé de l'exécution du présent décret.

« Fait au palais de l'Elysée, le 2 décembre 1851.

« *Signé* : LOUIS-NAPOLEON-BONAPARTE.

« *Contre-signé* : Le ministre de l'intérieur,

« DE MORNY. »

Dans la nuit, on avait procédé à l'arrestation de MM. Changarnier, Cavaignac, La Moricière, Le Flô, Bedeau, Charras, Thiers, Greppo, Charles Lagrange, Baze. et d'un grand nombre de membres des sociétés secrètes. Dès six heures du matin, trois bataillons de ligne entouraient l'Assemblée nationale, et, deux heures après, les régiments composant les trois divisions de l'armée de Paris, récemment placées sous le commandement du général Magnan, vinrent occuper le quai d'Orsay, le Carrousel, le Jardin des Tuileries, la place de la Concorde et les Champs-Elysées. En même temps on affichait la composition du nouveau ministère : MM. *de Morny*, intérieur ; *Fould*, finances; *Rouher*, justice ; *Magne*, travaux publics ; *Lacrosse*, marine; *Lefebvre-Duruflé*, commerce; *Saint-Arnaud*, guerre ; *For-*

toul, instruction publique ; *Turgot*, affaires étrangères. Enfin deux proclamations, remontant de l'effet à la cause, expliquaient le coup d'Etat et ses conséquences, et les intentions du Président de la République.

« La situation actuelle, disait la proclamation au peuple français, ne peut durer plus longtemps. Chaque jour qui s'écoule aggrave les dangers du pays. L'Assemblée, qui devait être le plus ferme appui de l'ordre, est devenue un foyer de complots. Le patriotisme de trois cents de ses membres n'a pu arrêter ses fatales tendances. Au lieu de faire des lois dans l'intérêt général, elle forge des armes pour la guerre civile ; elle attente au Pouvoir que je tiens directement du Peuple ; elle encourage toutes les mauvaises passions ; elle compromet le repos de la France. Je l'ai dissoute, et je rends le Peuple entier juge entre elle et moi.

« La Constitution, vous le savez, avait été faite dans le but d'affaiblir d'avance le Pouvoir que vous alliez me confier. Six millions de suffrages furent une éclatante protestation contre elle, et cependant je l'ai fidèlement observée ; les provocations, les calomnies, les outrages, m'ont trouvé impassible. Mais aujourd'hui que le pacte fondamental n'est plus respecté de ceux-là même qui l'invoquent sans cesse, et que les hommes qui ont déjà perdu deux monarchies veulent me lier les mains afin de renverser la République, mon devoir est de déjouer leurs perfides projets, de maintenir la République et de sauver le pays, en invoquant le jugement solennel du seul souverain que je reconnaisse en France : le Peuple!

« Je fais donc un appel loyal à la nation tout entière, et je vous dis : Si vous voulez continuer cet état de malaise qui nous dégrade et compromet notre avenir, choisissez un autre à ma place, car je ne veux plus d'un pouvoir qui est impuissant à faire le bien, me rend responsable d'actes que je ne puis empêcher, et m'enchaîne au gouvernail, quand je vois le vaisseau courir vers l'abîme.

« Si, au contraire, vous avez encore confiance en moi, donnez-moi les moyens d'accomplir la grande mission que je tiens de vous.

« Cette mission consiste à fermer l'ère des révolutions, en satisfaisant les besoins légitimes du Peuple et en le protégeant contre les passions subversives. Elle consiste surtout à créer des institutions qui survivent aux hommes, et qui soient enfin des fondations sur lesquelles on puisse asseoir quelque chose de durable.

« Persuadé que l'instabilité du Pouvoir, que la prépondérance d'une seule Assemblée, sont des causes permanentes de trouble et de discorde, je soumets à vos suffrages les bases fondamentales suivantes d'une Constitution que les Assemblées développeront plus tard :

« 1° Un chef responsable nommé pour dix ans ;

« 2° Des ministres dépendant du pouvoir exécutif seul ;

« 3° Un Conseil d'Etat formé des hommes les plus distingués, préparant les lois, et en soutenant la discussion devant le Corps législatif ;

« 4° Un Corps législatif discutant et votant les lois, nommé par le suffrage universel, sans scrutin de liste qui fausse l'élection ;

« 5° Une seconde Assemblée, formée de toutes les illustrations du pays, Pouvoir pondérateur, gardien du pacte fondamental et des libertés publiques.

« Ce système, créé par le Premier Consul,

au commencement du siècle, a déjà donné à la France le repos et la prospérité ; il les lui garantirait encore.

« Telle est ma conviction profonde. Si vous la partagez, déclarez-le par vos suffrages. Si, au contraire, vous préférez un Gouvernement sans force, monarchique ou républicain, emprunté à je ne sais quel passé ou à quel avenir chimérique, répondez négativement.

« Ainsi donc, pour la première fois, depuis 1804, vous voterez en connaissance de cause, en sachant bien pour qui et pour quoi.

« Si je n'obtiens pas la majorité de vos suffrages, alors je provoquerai la réunion d'une nouvelle Assemblée, et je lui remettrai le mandat que j'ai reçu de vous.

« Mais si vous croyez que la cause, dont mon nom est le symbole, c'est-à-dire la France régénérée par la Révolution de 89 et organisée par l'Empereur, est toujours la vôtre, proclamez-le en consacrant les pouvoirs que je vous demande.

« Alors, la France et l'Europe seront préservées de l'anarchie, les obstacles s'aplaniront, les rivalités auront disparu, car tous respecteront, dans l'arrêt du Peuple, le décret de la Providence. »

A l'armée on disait : — « En 1830 comme en 1848, on vous a traités en vaincus, après avoir flétri votre désintéressement héroïque, on a dédaigné de consulter vos sympathies et vos vœux, et cependant vous êtes l'élite de la nation. » Et l'armée contenait les mouvements de la rue, pendant que la résistance légale essayait en vain de s'organiser. La haute Cour de justice s'était constituée d'office, sous la présidence de M. Hardouin, pour mettre en accusation le président de la République et le déclarer « prévenu du crime de haute trahison. » Deux commissaires de police, accompagnés d'un bataillon de la garde nationale, entrent dans la salle des délibérations et somment la Cour de se retirer, et les magistrats obtempèrent à cet ordre avant d'avoir pu signer leur décret. Plus de 200 représentants, réunis à la mairie du 10ᵉ arrondissement et présidés par M. Benoît d'Azy, décrètent à l'unanimité la déchéance du président, et M. Berryer l'annonce au peuple par les fenêtres. L'Assemblée se déclare en permanence, le général Oudinot accepte le commandement supérieur des troupes et de la garde nationale. Mais le général Forey, chargé par M. de Morny de dissoudre la réunion et de l'enlever en cas de résistance, exécute ses ordres à la lettre, après d'inutiles pourparlers. M. Benoît d'Azy est arrêté par un commissaire de police et contraint de descendre du bureau; dès lors, toute résistance cesse; les représentants, placés entre quatre files de soldats, prennent le chemin de la caserne d'Orsay, et sont transférés, le soir même, au Mont-Valérien et à Vincennes (1).

— « Ainsi se terminèrent, dit un historien du coup d'Etat, toutes les tentatives de résistance de la journée, tentatives partielles, sans résolution, sans écho, fondées sur l'absence complète et évidente de tout danger sérieux pour leurs auteurs; car, le 24 février, les deux Assemblées législatives, le Conseil d'Etat, la Cour des comptes, s'étaient laissé dissoudre sans résistance; les orateurs politiques, qui avaient de belles occasions de faire des harangues, n'en avaient prononcé aucune; pas une seule légion

(1) *Voyez*, pour les détails du coup d'Etat, les *Mémoires* de M. Véron, t. IV.

de la garde nationale ne s'était réunie pour protester. Et cependant, le 24 février, il ne s'agissait pas d'un appel loyal fait au pays, sous la protection de l'armée et de l'administration tout entière ; le 24 février, tout s'écroulait, gouvernement, lois, finances, sécurité publique et privée ; et tous les foudres d'éloquence et de guerre qui venaient de s'insurger devant Louis-Napoléon Bonaparte, maintenant l'ordre et sauvant la société, s'étaient tus et s'étaient enfuis devant la démagogie s'imposant à la France et menaçant l'Europe. »

En attendant le pouvoir législatif, que la nouvelle Constitution devait créer, il fut formé une Commission consultative, dans laquelle prirent place un grand nombre de membres de l'Assemblée législative, et qui devint le noyau du futur Sénat. « Les grandes mesures prises par le président, dit M. Granier de Cassagnac, la loyauté avec laquelle il faisait, sous la protection de l'armée, un appel au bon sens, au patriotisme, à la volonté libre de tous les citoyens, devaient donc frapper et frappèrent en effet tout le monde d'étonnement et d'admiration. » Ainsi s'expliquent les adhésions qui ne tardèrent pas à se produire en foule, la hausse de toutes les valeurs à la bourse, l'attitude de la population parisienne, qui, sauf quelques mouvements insurrectionnels vivement réprimés, se montra presque indifférente à la déconvenue de l'Assemblée. Dans les départements, les tentatives de résistance furent plus sérieuses ; pendant quinze jours, on parla de graves désordres, d'essais de Jacquerie. L'envoi de commissaires extraordinaires, l'état de siége, le décret sur la transportation à Cayenne ou en Algérie des malfaiteurs en rupture de bans et des membres de sociétés secrètes, enfin les commissions mixtes, jugeant sans procédure les hommes dangereux, coupables ou suspects, ne tardèrent pas à faire cesser la lutte et à rendre décisif le triomphe de Louis-Napoléon, qui provoquait en termes habiles le jugement du peuple sur l'acte du 2 décembre.

« Les troubles sont apaisés, disait-il. Quelle que soit la décision du peuple, la société est sauvée ; la première partie de ma tâche est accomplie....

« Pourquoi le peuple se serait-il soulevé contre moi ? Si je ne possède plus votre confiance, si vos idées ont changé, il n'est pas nécessaire d'avoir recours à l'insurrection, il suffit de déposer dans l'urne un vote contraire ; je respecterai toujours l'arrêt du peuple... (8 décembre). »

Le vote pour l'élection du président de la République, selon le plébiscite du 2 décembre, fut fixé au 20 du même mois ; 7,481,231 suffrages, sur 8,165,630 votants, décernèrent la présidence décennale à Louis-Napoléon, avec les pouvoirs constituants qu'il demandait, et le prince dit à la Commission consultative qui lui remettait le procès-verbal du recensement des votes : « La France a répondu à l'appel loyal que je lui avais fait. Elle a compris *que je n'étais sorti de la légalité que pour rentrer dans le droit.* Plus de sept millions de suffrages viennent de m'absoudre en justifiant un acte qui n'avait d'autre but que d'épargner à la France et peut-être à l'Europe entière des années de troubles et de malheurs. »

La nouvelle Constitution fut promulguée le 14 janvier 1852, déclarant « qu'elle reconnaît, confirme et garantit les grands principes proclamés en 1789, et qui sont la base du droit public français. » Contrairement à toutes les anciennes constitutions, qui semblaient poser une limite absolue au progrès, celle-ci laissait le champ libre aux améliorations, ne fixant que les règles certaines. « Elle n'a pas, dit son auteur, enfermé dans un cercle infranchissable les destinées d'un grand peuple ; elle a laissé aux changements une assez large voie pour qu'il y ait, dans les grandes crises d'autres moyens de salut que l'expédient désastreux des révolutions. Le Sénat peut, de concert avec le gouvernement, modifier tout ce qui n'est pas fondamental dans la Constitution ; mais, quant aux modifications à apporter aux bases premières, sanctionnées par vos suffrages, elles ne peuvent devenir définitives qu'après avoir reçu votre ratification. Ainsi, le peuple reste toujours maître de sa destinée. Rien de fondamental ne se fait en dehors de sa volonté. »

Programme sage et riche de promesses pour l'avenir ! Mais cette ère nouvelle fut inaugurée, le 22 janvier, par les décrets relatifs aux biens de la famille d'Orléans ; mesure fâcheuse, qu'a dû regretter, plus tard, le grand cœur de Louis-Napoléon, et qui amena la retraite immédiate de quatre de ses ministres les plus dévoués à sa personne.

Le même jour, deux autres décrets instituaient

le ministère d'État, confié à M. de Casabianca, et le ministère de la police générale, dont M. de Maupas reçut la direction.

Puis, divers décrets sont rendus successivement : le décret qui abroge celui du 29 février 1848, concernant les titres de noblesse (24) ; le décret organique du Conseil d'Etat (25), et le décret organique qui règle l'élection des députés au Corps législatif (3 février). A peu d'exceptions près, tous les candidats du gouvernement sont élus, et, le 29 mars, le chef du pouvoir exécutif ouvre la session du Sénat et du Corps législatif par un discours qui,—d'ailleurs, ainsi que toutes les allocutions méditées de ce prince, — restera comme un document historique, aussi curieux, aussi intéressant à relire, en tout temps, qu'il eut de portée, à cette époque d'étonnements politiques.

« La Dictature, que le peuple m'avait confiée, cesse aujourd'hui. Les choses vont reprendre leur cours régulier. C'est avec un sentiment de satisfaction réelle que je viens proclamer ici la mise en vigueur de la Constitution ; car ma préoccupation constante a été non-seulement de rétablir l'ordre, mais de le rendre durable en dotant la France d'institutions appropriées à ses besoins.

« Il y a quelques mois à peine, vous vous en souvenez, plus je m'enfermais dans le cercle étroit de mes attributions, plus on s'efforçait de le rétrécir encore, afin de m'ôter le mouvement et l'action. Découragé souvent, je l'avoue, j'eus la pensée d'abandonner un Pouvoir ainsi disputé. Ce qui me retint, c'est que je ne voyais pour me succéder qu'une chose : l'anarchie. Partout, en effet, s'exaltaient des passions ardentes à détruire, incapables de rien fonder. Nulle part, ni une institution, ni un homme à qui se rattacher ; nulle part, un droit incontesté, une organisation quelconque, un système réalisable.

« Aussi, lorsque, grâce au concours de quelques hommes courageux, grâce surtout à l'énergique attitude de l'armée, tous les périls furent conjurés en quelques heures, mon premier soin fut de demander au peuple des institutions. Depuis trop longtemps, la société ressemblait à une pyramide qu'on aurait retournée et voulu faire reposer sur son sommet : je l'ai replacée sur sa base. Le suffrage universel, seule source du droit dans de pareilles conjectures, fut immédiatement rétabli; l'autorité reconquit son ascendant; enfin la France, adoptant les dispositions principales de la Constitution que je lui soumettais, il me fut permis de créer des Corps politiques, dont l'influence et la considération seront d'autant plus grandes, que leurs attributions auront été sagement réglées.

« Parmi les institutions politiques, en effet, celles-là seules ont de la durée, qui fixent d'une manière équitable la limite où chaque Pouvoir doit s'arrêter. Il n'est pas d'autre moyen d'arriver à une application utile et bienfaisante de la liberté. Les exemples n'en sont pas loin de nous.

« Pourquoi, en 1814, a-t-on vu avec satisfaction, en dépit de nos revers, inaugurer le régime parlementaire ? C'est que l'Empereur, ne craignons pas de l'avouer, avait été, à cause de la guerre, entraîné à un exercice trop absolu du Pouvoir.

« Pourquoi, au contraire, en 1851, la France applaudit-elle à la chute de ce même régime parlementaire ? C'est que les Chambres avaient abusé de l'influence qui leur avait été donnée, et que, voulant tout dominer, elles compromettaient l'équilibre général.

« Enfin, pourquoi la France ne s'est-elle pas émue des restrictions apportées à la liberté de la presse et à la liberté individuelle ? C'est que l'une avait dégénéré en licence, et que l'autre, au lieu d'être l'exercice légal du droit de chacun, avait, par d'odieux excès, menacé le droit de tous.

« Cet extrême danger, pour les démocraties surtout, de voir sans cesse des institutions mal définies sacrifier tour à tour le pouvoir ou la liberté, a été parfaitement apprécié par nos pères, il y a un demi-siècle, lorsqu'au sortir de la tourmente révolutionnaire, et après le vain essai de toute espèce de régimes, ils proclamèrent la Constitution de l'an VIII, qui a servi de modèle à celle de 1852.

« Sans doute, elle ne sanctionne pas toutes les libertés, mais elle en consacre aussi de bien réelles. Le lendemain des révolutions, la première garantie pour un peuple ne consiste pas dans l'usage immodéré de la tribune et de la presse ; elle est dans le droit de choisir le gouvernement qui lui convient. Or, la nation a donné, peut-être pour la première fois, au monde le spectacle imposant d'un grand peuple votant en toute liberté la forme de son Gouvernement.

« Ainsi, le Chef de l'Etat que vous avez devant vous est bien l'expression de la volonté populaire ; et devant moi, que vois-je ? deux Chambres : l'une, élue en vertu de la loi la plus libérale qui existe au monde ; l'autre, nommée par moi, il est vrai, mais indépendante aussi, puisqu'elle est inamovible.

« Autour de moi, vous remarquez des hommes d'un patriotisme et d'un mérite reconnus, toujours prêts à m'appuyer de leurs conseils, à m'éclairer sur les besoins du pays.

« Cette constitution, qui, dès aujourd'hui, va être mise en pratique, n'est donc pas l'œuvre d'une vaine théorie du despotisme; c'est l'œuvre de l'expérience et de la raison. Vous m'aiderez, Messieurs, à la consolider, à l'étendre, à l'améliorer.

« Je ferai connaître au Sénat et au Corps législatif l'exposé de la situation de la République. Ils y verront que partout la confiance a été rétablie, que partout le travail a repris, et que, pour la première fois, avec un grand changement politique, la fortune publique s'est accrue au lieu de diminuer.

« Depuis quatre mois, il a été possible à mon Gouvernement d'encourager bien des entreprises utiles, de récompenser bien des services, de secourir bien des misères, de rehausser même la position de la plus grande partie des principaux fonctionnaires, et tout cela sans aggraver les impôts ou déranger les prévisions du budget, que nous sommes heureux de vous présenter en équilibre.

« De pareils faits et l'attitude de l'Europe, qui a accueilli avec satisfaction les changements survenus, nous donnent le juste espoir de la sécurité pour l'avenir. Car, si la paix est garantie au dedans, elle l'est également au dehors. Les puissances étrangères respectent notre indépendance, et nous avons tout intérêt à conserver avec elles des relations amicales. Tant que l'honneur de la France ne sera pas engagé, le devoir du Gouvernement sera d'éviter avec soin toute cause de perturbation en Europe, et de tourner tous nos efforts vers les améliorations intérieures, qui peuvent seules procurer l'aisance aux classes laborieuses et assurer la prospérité du pays.

« Et maintenant, Messieurs, au moment où vous vous associez avec patriotisme à mes travaux, je veux vous exposer franchement quelle sera ma conduite.

« En me voyant rétablir les institutions et les souvenirs de l'Empire, on a répété souvent que je désirais rétablir l'Empire même. Si telle était ma préoccupation constante, cette transformation serait accomplie depuis longtemps. Ni les moyens, ni les occasions ne m'ont manqué.

« Ainsi, en 1848, lorsque six millions de suffrages me nommèrent Président de la République, en dépit de la Constituante, je n'ignorais pas que le simple refus d'acquiescer à la Constitution pouvait me donner un trône ; *mais une élévation, qui devait nécessairement entraîner de graves désordres, ne me séduisit pas.*

« Au 13 juin 1849, il m'était également facile de changer la forme du Gouvernement. Je ne le voulus pas.

« Enfin, au 2 décembre, si des considérations personnelles l'eussent emporté sur les graves intérêts du pays, j'eusse d'abord demandé au peuple, qui ne l'eût pas refusé, un titre pompeux. Je me suis contenté de celui que j'avais.

« Lors donc que je puise des exemples dans le Consulat et l'Empire, c'est que là surtout je les trouve empreints de nationalité et de grandeur. Résolu aujourd'hui, comme avant, de faire tout pour la France, rien pour moi, je n'accepterais de modifications à l'état présent des choses que si j'y étais contraint par une nécessité évidente. D'où peut-elle naître? Uniquement de la conduite des partis. S'ils se résignent, rien ne sera changé; mais si, par de sourdes menées, ils cherchaient à saper les bases du Gouvernement; si, dans leur aveuglement, ils niaient la légitimité des résultats de l'élection populaire; si enfin ils venaient sans cesse, par leurs attaques, mettre en question l'avenir du pays; alors, mais seulement alors, il pourrait être raisonnable de demander au peuple, au nom du repos de la France, un nouveau titre qui fixât irrévocablement sur ma tête le Pouvoir dont il m'a revêtu.

« Mais ne nous préoccupons pas d'avance de difficultés qui n'ont, sans doute, rien de probable. Conservons la république; elle ne menace personne, elle peut rassurer tout le monde. Sous sa bannière, je veux inaugurer de nouveau une ère d'oubli et de conciliation, et j'appelle, sans distinction, tous ceux qui veulent concourir avec moi au bien public.

« La Providence, qui jusqu'ici a si visiblement béni mes efforts, ne voudra pas laisser son œuvre inachevée. Elle nous animera tous de ses inspirations, et nous donnera le courage et la force nécessaires pour consolider un ordre de choses qui assurera le bonheur de notre patrie et le repos de l'Europe. »

Le 28 juin, le président de la République clôtura la session législative par un message, où, remerciant les députés « de leur concours et de leur loyal appui à nos institutions nouvelles, » il leur disait :

« En retournant dans vos départements, soyez les échos fidèles du sentiment qui règne ici : la confiance dans la conciliation et la paix. Dites à vos commettants qu'à Paris, ce cœur de la France, ce centre révolutionnaire, qui répand tour à tour sur le monde la lumière ou l'incendie, vous avez vu un peuple immense s'appliquant à faire disparaître les traces des révolutions et se livrant avec joie au travail, avec sécurité à l'avenir. Lui qui naguère, dans son délire, était impatient de tout frein, vous l'avez vu saluer avec acclamation le retour de nos aigles, symbole d'autorité et de gloire.

« A ce spectacle imposant, où la religion consacrait par ses bénédictions une grande fête nationale, vous avez remarqué son attitude respectueuse. Vous avez vu cette armée si fière, qui a sauvé le pays, se relever encore dans l'estime des hommes, en s'agenouillant avec recueillement devant l'image de Dieu, présentée du haut de l'autel.

« Cela veut dire qu'il y a en France un gouvernement animé de la foi et de l'amour du bien, qui repose sur le peuple, source de tout pouvoir; sur l'armée, source de toute force ; sur la religion, source de toute justice. »

Avant d'aborder l'ère du second Empire, nous devons au moins fermer la période présidentielle par le simple tableau des derniers actes administratifs qui la caractérisent :

Décret sur la garde nationale. — Le culte catholique rétabli dans le Panthéon. — Primes aux sociétés de secours mutuels. — Création de lavoirs et bains à bon marché. — Décrets sur la Légion-d'Honneur, les officiers-généraux, la gendarmerie. — Travaux pour améliorer la navigation. — Achèvement du Louvre. — Travaux relatifs aux chemins de fer de ceinture, de Lyon à Avignon, de Paris à Lyon, de Dijon à Besançon, de Dôle à Salins. — Lignes télégraphiques. —.Conversion du 5 pour 100 en 4 1/2. — Réduction du droit d'octroi sur les boissons.— Loi du crédit foncier. — Création de chambres consultatives d'agriculture. — Décrets relatifs à la décentralisation, sur le traitement des préfets.— Organisation des tribunaux de commerce. — Réunion des douanes aux contributions indirectes. — Création des commissaires de police cantonnaux. — Restauration du serment politique. — Amélioration de la Sologne. — Extinction du banditisme en Corse. — Mise en liberté d'Abd-el-Kader. — Création de l'institut agronomique de Versailles. — Nouveaux tarifs de douanes, etc. — Création de la médaille militaire, etc.

Cet exposé sommaire du complément des mesures importantes accomplies en moins de trois années, au milieu de l'agitation des partis, explique surabondamment l'acclamation populaire qui donna le pouvoir au neveu de l'Empereur, et n'allait pas tarder à placer sur son front la couronne des Césars.

Deux mois après la clôture de la session législative (28 juin), Louis-Napoléon fit un voyage dans les départements du midi de la France, et fut accueilli souvent par les cris de *Vive l'Empire!* Le 20 septembre, il présidait, à Lyon, à l'inauguration de la statue équestre de Napoléon Ier; le 25, il posait, à Marseille, la première pierre d'une *cathédrale*, destinée à remplacer la Major qui tombait en ruine, et d'une *Bourse*, digne de l'un des plus riches marchés du monde. Dans cette ville, la police fit quelque bruit d'une nouvelle *machine infernale*, découverte dans une maison de la rue d'Aix; il y eut même plusieurs arrestations provisoires, mais pas de procès. Il n'en subsista pas moins, dans les esprits, une impression de terreur, à l'idée du danger qui avait peut-être menacé le chef de l'Etat, et des conséquences effroyables pour le pays, qu'aurait entraînées l'accomplissement de l'attentat présumé. Le 9 octobre, le prince assistant, à Bordeaux, au banquet offert par la Chambre et le Tribunal de commerce, prononçait un discours qui préludait réellement à la restauration de l'Empire.

« Désabusé d'absurdes théories, le peuple a acquis la conviction que les réformateurs prétendus n'étaient que des rêveurs ; car il y avait toujours inconséquence des proportions, entre leurs moyens et les résultats promis. Aujourd'hui, la France m'entoure de ses sympathies, parce que je ne suis pas de la famille des idéologues. Pour faire le bien du pays, il n'est pas besoin d'appliquer de nouveaux systèmes, mais de donner, avant tout, confiance dans le présent, sécurité dans l'avenir. Voilà pourquoi la France semble vouloir revenir à l'Empire. Il est néanmoins une crainte à laquelle je dois répondre. Par esprit de défiance, certaines personnes se disent : l'Empire, c'est la guerre. Moi, je dis : l'*Empire, c'est la paix*. C'est la paix, car la France la désire, et lorsque la France est satisfaite, le monde est tranquille. La gloire se lègue bien à titre d'héritage, mais non la guerre. Est-ce que les princes, qui s'honoraient justement d'être les petits-fils de Louis XIV, ont recommencé ses luttes ? La guerre ne se fait pas par plaisir, elle se fait par nécessité ; et, à ces époques de transition, où partout, à côté de tant d'éléments de prospérité, germent tant de causes de mort, on peut dire avec vérité : Malheur à celui qui, le premier, donnerait en Europe le signal d'une collision dont les conséquences seraient incalculables ! J'en conviens, cependant, j'ai, comme l'Empereur, bien des conquêtes à faire. Je veux, comme lui, conquérir la conciliation des partis dissidents et ramener dans le courant du grand fleuve populaire les dérivations hostiles qui vont se perdre sans profit pour personne. »

L'idée impériale éclatait évidemment dans ces paroles ; évidemment aussi elle semblait sourire à la nation, effrayée par le fantôme du socialisme et de l'anarchie. Le retour de Louis-Napoléon à Paris fut triomphal. « Jamais, dit un historien (1), monarque ne se vit salué par une joie plus spontanée que celle dont Paris offrit ce jour-là le spectacle ; la grande capitale, qui connaissait par les journaux les ovations de la province, n'avait pas voulu demeurer en arrière de ce mouvement unanime d'opinion que provoquait partout, depuis un mois, la présence du prince. Louis-Na-

(1) M. Guy.

poléon fut accueilli, on peut le dire, en Empereur, quoiqu'il ne le fût pas encore légalement. »
Le conseil municipal de Paris lui disait dans une adresse : « Si la plus noble jouissance, après celle de sauver son pays, est de le trouver reconnaissant, quel bonheur a rempli votre cœur ! Partout le sentiment du service rendu, partout l'applaudissement et les acclamations du peuple ! Où les discordes civiles avaient semé le désespoir et la mort, vous avez porté la consolation, l'espérance et la vie ! Prince, la France vous remettait, il y a quelques mois, le droit suprême de lui donner des lois. Aujourd'hui, la voix du peuple, après avoir consacré le 2 décembre, demande que le pouvoir qui vous a été confié s'affermisse, et que sa stabilité soit la garantie de l'avenir; la ville de Paris est heureuse de s'associer à ce vœu, non dans votre intérêt, prince, et pour ajouter à votre gloire ; il n'y en a pas de plus grande que d'avoir sauvé la patrie ; mais dans l'intérêt de tous, et pour que la mobilité des institutions ne laisse désormais à l'esprit de désordre ni espérance ni prétexte. Vous avez devancé la France, quand il s'est agi de l'arracher au péril. Maintenant que, guidée par ses souve-

nirs, inspirée par son amour, elle vous ouvre une voie nouvelle, suivez-la. »

Le prince, aussi vivement encouragé à la réalisation de ses propres vœux, n'hésita plus à poser nettement la question devant le Sénat dans son message du 4 novembre, ainsi conçu :

« La nation vient de manifester hautement sa volonté de rétablir l'Empire. Confiant dans votre patriotisme et vos lumières, je vous ai convoqués pour délibérer légalement sur cette grave question, et vous remettre le soin de régler le nouvel état de choses. Si vous l'adoptez, vous penserez sans doute, comme moi, que la Constitution de 1852 doit être maintenue, et alors les modifications reconnues indispensables ne toucheront en rien aux bases fondamentales.

« Le changement qui se prépare portera principalement sur la forme ; et cependant, reprendre le symbole impérial est pour la France d'une immense signification. En effet, dans le rétablissement de l'Empire, le peuple trouve une garantie à ses intérêts et une satisfaction à son juste orgueil : ce rétablissement garantit ses intérêts en assurant l'avenir, en fermant l'ère des révolutions, en consacrant encore les conquêtes de 89. Il satisfait son juste orgueil parce que, relevant avec liberté et réflexion ce qu'il y a trente-sept ans l'Europe entière avait renversé par la force des armes, au milieu des désastres de la patrie, le peuple venge noblement ses revers sans faire de victimes, sans menacer aucune indépendance, sans troubler la paix du monde.

« Je ne me dissimule pas, néanmoins, tout ce qu'il y a de redoutable à accepter aujourd'hui et à mettre sur la tête la couronne de Napoléon ; mais mes appréhensions diminuent par la pensée que, représentant à tant de titres la cause du peuple et la volonté nationale, ce sera la nation qui, en m'élevant au trône, se couronnera elle-même »

Le Sénat répondit, le 7 novembre, à ce message, en votant à l'unanimité moins une voix (86 sur 87 votants), le rétablissement de l'Empire, et choisit plusieurs de ses membres pour aller porter à Louis-Napoléon, au Palais de Saint-Cloud, le résultat de ses délibérations :

« Lorsqu'il y a quarante-huit ans, dit le prince, dans ce même palais, dans cette même salle et dans des circonstances analogues, le Sénat vint offrir la couronne au chef de ma famille, l'Em-

pereur répondit par ces paroles mémorables :
« *Mon esprit ne serait plus avec ma postérité, du jour où elle cesserait de mériter l'amour et la confiance de la grande nation.* » Eh bien ! aujourd'hui, ce qui touche le plus mon cœur, c'est de penser que l'esprit de l'Empereur est avec moi, que sa pensée me guide, que son ombre me protége, puisque, par une démarche solennelle, vous venez, au nom du peuple français, me prouver que j'ai mérité la confiance du pays. »

Un décret convoqua le peuple dans ses comices, les 21 et 22 novembre, et 7,824,189 bulletins, portant le mot *oui*, formulèrent le plébiscite suivant : « Le peuple français veut le rétablissement de la dignité impériale dans la personne de Louis-Napoléon Bonaparte, avec hérédité dans sa descendance directe, légitime ou adoptive, et lui donne le droit de régler l'ordre de succession au trône dans la famille Bonaparte, ainsi qu'il est dit dans le sénatus-consulte du 7 novembre. »

VII

L'Empire fut solennellement proclamé, le 1er décembre 1852, au Palais de Saint-Cloud, en présence du Sénat, du Conseil d'Etat et du Corps législatif. Ici dès lors commence, de droit, le règne de Napoléon III, empereur des Français *par la grâce de Dieu et la volonté nationale.*

« Le nouveau règne que vous inaugurez aujourd'hui, répond le prince aux discours de MM. Mesnard, vice-président du Sénat, et Billault, président du Corps législatif, n'a pas pour origine, comme tant d'autres dans l'histoire, la violence, la conquête ou la ruse. Il est, vous venez de le déclarer, le résultat légal de la volonté de tout un peuple, qui consolide au milieu du calme ce qu'il avait fondé au sein des agitations. Je suis pénétré de reconnaissance envers la nation qui, trois fois en quatre années, m'a soutenu de ses suffrages, et, chaque fois, n'a augmenté sa majorité que pour accroître mon pouvoir.

« Je prends dès aujourd'hui, avec la couronne, le nom de Napoléon III, parce que la logique du peuple me l'a déjà donné dans ses acclamations, parce que le Sénat l'a proposé légalement, et parce que la nation entière l'a ratifié.

« Est-ce à dire, cependant, qu'en acceptant ce titre, je tombe dans l'erreur reprochée au prince qui, revenant de l'exil, déclara nul et non avenu tout ce qui s'était fait en son absence? Loin de moi un semblable égarement. Non-seulement je reconnais les gouvernements qui m'ont précédé, mais j'hérite en quelque sorte de ce qu'ils ont fait de bien ou de mal; car les gouvernements qui se succèdent sont, malgré leurs origines différentes, solidaires de leurs devanciers. Mais plus j'accepte tout ce que, depuis cinquante ans, l'histoire nous transmet avec son inflexible autorité, moins il m'était permis de passer sous silence le règne glorieux du chef de ma famille, et le titre régulier, quoique éphémère, de son fils, que les chambres proclamèrent dans le dernier élan du patriotisme vaincu. Ainsi donc, le titre de Napoléon III n'est pas une de ces prétentions dynastiques et surannées, qui semblent une insulte au bon sens et à la vérité ; c'est l'hommage rendu à un gouvernement qui fut légitime, et auquel nous devons les plus belles pages de notre histoire moderne. Mon règne ne date pas de 1815 ; il date de ce moment même où vous venez de me faire connaître les suffrages de la nation. »

Napoléon III ordonna que les sommes, destinées à célébrer son avénement par des réjouissances publiques, fussent distribuées aux classes souffrantes, voulant ainsi inaugurer son règne par des œuvres de charité. Le 3 décembre, il visite l'Hôtel-Dieu et le Val-de-Grâce, et laisse 10,000 francs dans chacun de ces établissements. Le même jour, il envoie 200,000 francs au ministre de l'intérieur, pour qu'ils fussent répartis entre les familles qui retireraient leurs enfants de l'hospice des Enfants-Trouvés ; ordonne la création, aux frais de sa cassette particulière, de trois bains et lavoirs publics dans les trois plus pauvres quartiers de Paris, et comble la mesure de ses bienfaits par une amnistie générale pour les condamnés politiques qui prêteraient serment aux lois de l'Empire.

Par un décret du 18 décembre, l'Empereur régla l'ordre de succession au trône, en conférant à son oncle Jérôme, frère de Napoléon Ier, le titre de *prince Français*, ainsi qu'à son fils Napoléon-Joseph Bonaparte. Mais un grand événement vint, comme un nouveau coup de théâtre, surprendre encore la nation. Le 22 janvier 1853, Napoléon III convoqua le Sénat et le Corps Législatif et leur dit :

« Messieurs, je me rends au vœu si souvent manifesté par le pays, en venant vous annoncer mon mariage. L'union que je contracte n'est pas d'accord avec les traditions de l'ancienne politique : c'est là son avantage....

» Quand, en face de la vieille Europe, on est porté, par la force d'un nouveau principe, à la hauteur des anciennes dynasties, ce n'est pas en vieillissant son blason et en cherchant à s'introduire à tout prix dans la famille des rois, qu'on se fait accepter. C'est bien plutôt en se souvenant de son origine, en conservant son caractère propre, et en prenant franchement vis-à-vis de l'Europe la position de parvenu, titre glorieux, lorsqu'on parvient par le libre suffrage d'un grand peuple.

« Ainsi obligé de s'écarter des précédents suivis jusqu'à ce jour, mon mariage n'était plus qu'une affaire privée ; il restait seulement le choix de la personne. Celle qui est devenue l'objet de ma préférence est d'une naissance élevée. Française par le cœur, par l'éducation, par le souvenir du sang que versa son père pour la cause de l'Empire, elle a, comme Espagnole, l'avantage de ne pas avoir en France de famille, à laquelle il faille donner honneurs et dignités. Douée de toutes les qualités de l'âme, elle sera l'ornement du Trône, comme au jour du danger elle deviendrait un de ses courageux appuis. Catholique et pieuse, elle adressera au Ciel les mêmes prières que moi pour le bonheur de la France; gracieuse et bonne, elle fera revivre, dans la même position, j'en ai le ferme espoir, les vertus de l'Impératrice Joséphine.

« Je viens donc, Messieurs, dire à la France : J'ai préféré une femme que j'aime et que je respecte à une femme inconnue, dont l'alliance eût eu des avantages mêlés de sacrifices. Sans témoigner de dédain pour personne, je cède à mon penchant, mais après avoir consulté ma raison et mes convictions. Enfin, en plaçant l'indépendance, les qualités du cœur, le bonheur de famille au-dessus des préjugés dynastiques et des calculs de l'ambition, je ne serai pas moins fort, puisque je serai plus libre.

« Bientôt, en me rendant à Notre-Dame, je présenterai l'Impératrice au peuple et à l'armée; la confiance qu'ils ont en moi assure leur sympathie à celle que j'ai choisie ; et vous, Messieurs, en apprenant à la connaître, vous serez convaincus que, cette fois encore, j'ai été inspiré par la Providence. »

Ces paroles remarquables et diversement commentées sont du moins la preuve que l'Empire représente l'un des grands principes de 89 : l'égalité.

La célébration du mariage civil de Napoléon III avec Eugénie-Marie de Montijo de Guzman et Porto-Carrero, comtesse de Téba (1), se fit aux

(1) EUGÉNIE (Eugénie-Marie de MONTIJO DE GUZMAN Y PORTO CARRERO), comtesse de Téba, Impératrice des Français, née à Grenade (Andalousie), le 5 mai 1826, est la seconde fille du comte de Montijo, grand d'Espagne, et de Marie Manuela Kirk-Patrick, de Glasburn. Par son père, elle appartient à la maison de Porto-Carrero, l'une des plus glorieuses d'Europe, et dont la noblesse remonte plus haut que l'institution de la Gran-

7

Tuileries, le 29 janvier 1853. La cérémonie religieuse eut lieu, le lendemain, dans l'église de Notre-Dame ; et, quand le cortége impérial reprit lentement le chemin des Tuileries, l'émotion

desse. Emigrée de Gênes en Estradamure, au XIVe siècle, et par suite de diverses alliances, cette maison acquit le droit de porter les noms de Guzman, Fernandez, Cordova, La Cerda et Leira et réunit les trois grandesses de première classe de Téba, Banos et Mora. L'un de ses ancêtres, Alonzo Perez de Guzman, surnommé *el Bueno*, préféra, en 1293, voir tuer son fils plutôt que de rendre à l'ennemi la ville de Tarifa, dont il était gouverneur. Aussi le peuple espagnol a-t-il donné aux Guzman cette devise qu'ils ont toujours conservée : « *Mon roi pèse plus que mon sang.* » — Gonzalve de Cordoue, le grand capitaine, Antoine de Lève, général de Charles-Quint, les familles de Medina-Cœli, de Medina-Sidonia, de Las-Torres, d'Olivarès, sont alliées à la maison de Porto-Carrero, dont est issue une reine de Portugal, *Dona-Luisa-Francesca de Guzman*, mariée en 1633 au duc de Bragance, roi en 1640.

La maison de Porto-Carrero est une branche détachée de la maison d'Acuna, issue de Fruela, roi de Léon, des Asturies et de Gallice. — Pierre d'Acuna, second fils du premier duc d'Escalone, marquis de Villena, et de Marie, héritière de Porto-Carrero, ajouta ce dernier nom au sien, et forma cette branche qui souvent porta le nom seul de Porto-Carrero. Son fils fut seigneur de Montijo, et le fils de ce dernier reçut de Charles le titre de comte de Montijo (1697).

attendrie de la foule, qui se pressait autour des augustes époux, l'allégresse peinte sur tous les visages, les cris mille fois répétés de Vive l'Empereur ! Vive l'Impératrice ! témoignèrent com-

« La maison d'Acuna, dit Saint-Simon, fort nombreuse en branches tant espagnoles que portugaises, et la maison de Silva, prétendent sortir de la même origine aussi illustre qu'ancienne, et y sont autorisées par les meilleurs auteurs, qui les font masculinement descendre de Fruela, par le *rico hombre* Pélage Peluez, duquel sont masculinement sortis Gomez Paez de Silva, dont toute la maison de Silva est descendue, et Ferdinand Paez qui, le premier, prit le nom d'Acuna, du lieu d'Acuna-Alta qu'Alphonse Ier, roi de Portugal, lui avait donné, et duquel toute sa postérité conserva le nom. La septième génération masculine de ce Ferdinand Paez, seigneur d'Acuna, fut Martin Vasquez de Acuna, qui fut comte de Valence et épousa Thérèse, fille d'Alphonse Tellez Giron, dont il eut un fils, qui porta le nom de Tellez Giron. Celui-ci épousa l'héritière de la maison Pacheco, et en eut deux fils : l'aîné, Jean, porta le nom de Pacheco, de sa mère, et Pierre, le cadet, prit le nom de Giron, de la mère de son père. L'aîné de ces deux frères est le chef de la branche aînée de toute la maison d'Acuna Pacheco, duc d'Escalone. »

L'historien Victor du Hamel dit à son tour :

« La grande et illustre maison de Porto-Carrero, comtes de Montijo, dont était le célèbre cardinal qui, sous Charles II d'Autriche, exerça une si haute influence sur les destinées de l'Espagne, descend en ligne directe

bien le choix de l'Empereur inspirait de profondes sympathies au peuple, dont les instincts sont si sûrs ; car, si l'on a dit de lui « que son silence est la leçon des rois ; » il est vrai aussi que

et masculine de l'antique famille patricienne, qui donna, en 1339, le premier doge à Gênes. Le frère de ce doge, Gilles Bocasiégra, ayant été envoyé par lui, en 1340, au secours d'Alphonse II, roi de Castille, lui rendit de grands services contre les Maures ; il fut fait amiral et comte de Palma, et s'établit en Espagne. Son petit-fils épousa Françoise Porto-Carrero, et ses descendants adoptèrent ce dernier nom. »

Le grand-père de l'Impératrice Eugénie était diplomate et rendit d'importants services au roi d'Espagne Charles III.

Son père, le comte de Montijo, duc de Penaramba, servit la France avec distinction sous le premier Empire. Après l'abdication de Napoléon, il retourna en Espagne, où, malgré les inimitiés qui l'accueillirent d'abord, il dut à son mérite d'être appelé l'un des premiers au Sénat, quand l'Espagne réforma ses institutions. « Maître d'une fortune considérable, dit un écrivain, le comte de Montijo fit un noble usage de ses richesses. Les sociétés bienfaisantes, les idées utiles et nouvelles, les entreprises philanthropiques, n'invoquaient jamais vainement son concours ; pas une ne se produisait qu'il ne l'aidât de son crédit ou de sa bourse. Son hospitalité était aussi connue que sa munificence. Son hôtel de Madrid s'ouvrait à tous les étrangers, et, de préférence, aux Français en voyage qui se louaient tous de l'accueil cordial et affable dont ils

ses applaudissements leur doivent aller à l'âme, comme la plus douce et la plus pure des louanges.

Le soir, la capitale était flamboyante d'illuminations.

étaient l'objet. Malheureusement, les blessures reçues à la guerre abrégèrent cette vie si digne et si belle. M. de Montijo mourut en 1839, âgé de moins de cinquante ans, et le meilleur éloge que nous puissions faire de lui, c'est de dire qu'il obtint et mérita l'estime de tous les partis politiques qui divisent l'Espagne, de ceux-là même qui l'avaient persécuté. »

Par sa mère, l'Impératrice Eugénie descend des Kirk-Patrick de Glasburn, noble famille écossaise qui, après la chute des Stuarts, alla s'établir en Espagne.

Napoléon III avait donc raison de dire aux grands corps de l'Etat : « Celle qui est devenue l'objet de ma préférence, est d'une naissance élevée. »

Eugénie passa ses premières années à Madrid. Amenée en France et placée dans un pensionnat de Toulouse, puis envoyée à Bristol, elle reçut une excellente éducation que les voyages complétèrent. Les grâces de sa personne firent sensation, en 1851, aux fêtes de l'Elysée et plurent à Louis-Napoléon, qui la choisit pour sa compagne. « Douée de toutes les qualités de l'âme, disait-il, elle sera l'ornement du trône, comme au jour du danger elle deviendrait l'un de ses plus courageux appuis... gracieuse et bonne, elle fera revivre dans la même position, j'en ai le ferme espoir, les vertus de l'impératrice Joséphine. »

Gracieuse ? c'est bien le mot qui peint le plus heu-

Toutes les puissances, l'Angleterre en tête, reconnurent le nouveau gouvernement. Le haut commerce de la Cité de Londres envoya même à l'Empereur une députation présidée par sir

reusement sa délicate et suave beauté. Ses cheveux blonds, dit un écrivain, encadrent divinement une physionomie sympathique ; et la pureté des traits dénote chez elle la beauté de l'âme. Ses yeux sont expressifs et brillants; son sourire enchanteur. En un mot, pour rappeler les vers de l'auteur des *Deux Visions* :

C'était une rêveuse et chaste jeune fille,
Une adorable enfant de la vieille Castille,
Un ange, une madone, une vierge du ciel,
Un rêve de poëte, et tel que Raphaël
En vit sous son pinceau réaliser l'image.

Bonne ? — Qui ne sait aujourd'hui les bienfaits qu'elle ne cesse de répandre autour d'elle, les institutions de charité qu'elle a fondées ou patronées. Instruite qu'à l'occasion de son mariage, le conseil municipal de Paris avait voté 600,000 fr. pour lui offrir une parure de diamants, elle se hâta d'écrire au préfet de la Seine : « J'éprouve un sentiment pénible en pensant que le premier acte public qui s'attache à mon nom, au moment de mon mariage, soit une dépense considérable pour la ville de Paris. Permettez-moi donc de ne pas accepter votre don, quelque flatteur qu'il soit pour moi ; vous me rendrez plus heureuse en employant, en charités, la somme que vous

James Duke (28 mars). Le reste de l'année 1853 ne fut guère marqué que par les conspirations avortées de l'Hippodrôme et de l'Opéra-Comique. Mais l'année 1854 fut moins heureuse. La disette,

aviez fixée pour l'achat de la parure que le conseil municipal voulait m'offrir. La seule chose que j'ambitionne, c'est de partager, avec l'Empereur, l'amour et l'estime du peuple français. »

En effet, les 600,000 fr. furent consacrés à la fondation d'un établissement d'éducation professionnelle pour de jeunes filles pauvres, qu'elle prit sous son patronage et qui a conservé son nom. Sur les 250,000 fr. que l'Empereur avait placés dans la corbeille de mariage, elle fit répartir 100,000 fr. entre les sociétés maternelles; le surplus servit à fonder de nouveaux lits à l'hospice des Incurables.

La fondation des *Sociétés de charité maternelle* (1853), et de l'*Orphelinat du Prince Impérial* (1856), l'une des plus belles institutions du XIXe siècle, est due à l'initiative de cette princesse qui n'a qu'une pensée unique : mériter les bénédictions de tous ceux qui souffrent, et l'amour du peuple français.

L'Impératrice accompagna l'Empereur dans son voyage en Angleterre (avril 1855), ainsi que dans ceux qu'il fit en Normandie, en Bretagne (1) et dans les départements récemment annexés et en Algérie (août et septembre 1860). A son retour, elle entreprit seule un voyage en

(1) M. A. Davons a publié de ce voyage une excellente relation, illustrée de magnifiques gravures sur bois (une brochure in-4°.)

d'abord, ce terrible fléau, contre lequel la prévoyance des gouvernements est quelquefois impuissante, fut combattue par des mesures dues à la sollicitude ingénieuse de Napoléon III. En en-

Ecosse, pour motifs de santé. L'horrible attentat du 14 janvier 1858 vint éprouver son héroïsme. Au milieu de l'explosion des bombes fulminantes, qui semaient la mort autour de Leurs Majestés, l'Impératrice répondit aux personnes qui conseillaient à l'Empereur de ne point entrer à l'Opéra : « Montrons-leur que nous sommes plus braves qu'eux. » Et prenant le bras de son auguste époux, elle l'accompagne résolument dans la loge impériale, où la foule les salue des plus chaleureuses acclamations. Avant de partir pour la campagne d'Italie, Napoléon III, par un décret du 1er février 1858, déclara l'Impératrice *Régente de France*, pour en porter le titre et en exercer les fonctions en son absence, et pendant la minorité du Prince Impérial, qui lui était né le 16 mars 1856.

La naissance de ce fils, qui reçut le nom de *Napoléon-Eugène-Louis-Jean-Joseph Bonaparte*, et eut le Saint-Père pour parrain, fut l'origine de l'*Orphelinat du prince Impérial*, déjà mentionné. Les habitants de Paris avaient ouvert une souscription, pour offrir à l'Impératrice et à l'héritier du trône un témoignage de leur affection ; mais le produit de cette souscription fut affecté, par le vœu de la souveraine, à la fondation de cette œuvre bienfaisante pour les enfants du peuple.

La mort de sa sœur aînée, *Francisca-de-Sàles*, duchesse de Berwick et d'Albe (16 septembre 1860), l'affecta profondément ; aussi, pour ne laisser subsister

courageant la liberté des transactions, il délivra le commerce des grains de toute entrave, et fit adopter par la ville de Paris un système destiné à prévenir, pour la valeur des céréales, ces variations extrêmes qui, dans l'abondance, font languir l'agriculture par le vil prix du blé, et, dans la disette, font souffrir les classes nécessiteuses par sa cherté excessive.

que dans son cœur le souvenir de cette perte cruelle, a-t-elle fait disparaître la magnifique résidence où s'est éteinte, à l'âge de 35 ans, celle qu'elle aimait du plus tendre amour.

7.

VIII

Un autre fléau que le chef de l'Etat s'efforça de conjurer, — la guerre d'Orient, — vint presque inaugurer un règne annoncé comme l'ère nouvelle de la paix. Mais qui pouvait prévoir que l'empereur Nicolas oserait tenter de réaliser le rêve si longtemps caressé, il est vrai, par les czars, de la conquête de Constantinople? La possession des sanctuaires de Jérusalem, de Bethléem, de Nazareth et autres lieux sanctifiés par la présence de Jésus-Christ, avait déjà, dès le commencement de 1853, suscité un différend entre l'empereur de Russie et le sultan Abdul-Medjidh. Mais ce n'était là que le prétexte. Fidèle à la pensée de Pierre le Grand, qui avait déclaré que « qui régnerait à Constantinople serait le vrai souverain du monde, » Nicolas envoya, le 2 mars 1853, l'amiral prince Mentchikoff à la cour du sultan, en qualité d'ambassadeur extraordinaire. Ce diplomate était porteur de l'ultimatum suivant : « Ordre à la Porte-Ottomane de régler la question des sanctuaires à l'avantage des Grecs; d'encourager par un *sened*, ou convention, le *statu quo* strict des priviléges du culte grec russe. »

La Porte répondit : « Qu'elle consentait à accorder sa protection aux chrétiens du rit grec ; mais qu'elle ne pouvait en faire l'objet d'un traité spécial, sans compromettre son indépendance et sa souveraineté. »

Alors, le czar, après avoir tenté vainement d'associer la France et l'Angleterre au partage de l'empire ottoman, se jeta seul dans les hasards de cette aventure. Un corps d'armée russe passa le Pruth, le 3 juillet, et envahit les provinces Danubiennes. Le 23 octobre suivant, après de nombreuses propositions d'arrangement faites par Napoléon III et restées infructueuses devant les réticences de la diplomatie russe, les hostilités commencèrent. Le 30 novembre 1853, à la suite de plusieurs combats, où l'armée turque, commandée par Omer-Pacha, se couvrit de gloire, le vice-amiral Namikoff attaqua subitement la ville de Sinope, s'en empara, la réduisit en cendres, et détruisit entièrement la flotille turque, équipée sous les ordres d'Osman-Pacha.

Ce fut pour l'Angleterre et la France comme une provocation inattendue. Jusque-là, spectatrices intéressées du conflit, ces deux puissances ne pouvaient laisser s'accomplir la ruine de l'empire ottoman, nécessaire à l'équilibre européen. Conscientes de n'avoir rien négligé pour empêcher la lutte, elles ne refusèrent pas leur appui à la Turquie, aussi audacieusement attaquée, malgré le voisinage des escadres française et anglaise. « Les coups de canon de Sinope, dit Napoléon III, dans sa lettre à Nicolas (29 janvier 1854), ont retenti douleureusement dans le cœur de tous ceux qui, en Angleterre et en France, ont un vif sentiment de la dignité nationale. On s'est écrié d'un commun accord : partout où nos canons peuvent atteindre, nos alliés doivent être respectés. De là, l'ordre donné à nos escadres d'entrer à la mer Noire et d'empêcher par la force, s'il le fallait, le retour d'un semblable événement. De là, la notification collective, envoyée au cabinet de Saint-Petersbourg pour lui annoncer que si nous empêchions les Turcs de porter une guerre agressive sur les côtes appartenant à la Russie, nous protégerions le ravitaillement de leurs troupes sur leur propre territoire. Quant à la flotte russe, en lui interdisant la navigation sur la mer Noire, nous la placerions dans des conditions différentes, parce qu'il importait, pendant la durée de la guerre, de conserver un gage qui pût être l'équivalent des parties occupées du territoire turc, et faciliter la conclusion de la paix en devenant le titre d'un échange désirable. » L'Empereur terminait sa lettre par une proposition dont le succès eût prévenu la guerre. « Si, disait il, Votre Majesté désire autant que moi une conclusion pacifique, quoi de plus simple que de déclarer qu'un armistice sera signé aujourd'hui ; que les choses reprendront leur cours diplomatique ; que toute hostilité cessera, et que toutes les forces belligérantes se retireront des lieux où des motifs de guerre les ont appelées ? Ainsi les troupes russes abandonneraient les principautés, et nos escadres la mer Noire. Votre Majesté préférant traiter directement avec la Turquie, elle nommerait un ambassadeur qui négocierait avec un plénipotentiaire du Sultan une convention qui serait soumise à la conférence des quatre puissances. Que votre Majesté adopte ce plan sur lequel la reine d'Angleterre et moi sommes parfaitement d'accord, et la tranquillité sera rétablie et le monde satisfait. Rien, en effet, dans ce plan qui ne soit digne de votre Majesté, rien qui puisse blesser son honneur. Mais si, par un motif difficile à comprendre, Votre Majesté opposait un refus, alors la France, comme l'Angleterre, serait obligée de laisser au sort des armes et au hasard de la guerre, ce qui pourrait être décidé aujourd'hui par la raison et la justice. » Puis rappelant au czar les termes de sa lettre du 17 janvier 1853, où il disait : « Nos relations doivent être sincèrement amicales, reposer sur les mêmes intentions : maintien de l'ordre, amour de la paix, respect aux traités et bienveillance réciproque, » Napoléon ne dissimulait pas combien son impérial correspondant s'était écarté de ce séduisant programme.

Toutes les tentatives de pacification ayant définitivement échoué devant l'entêtement de Nicolas, la guerre lui fut déclarée par la France et l'Angleterre. C'est ce que l'Empereur vint annoncer au pays, à l'ouverture de la session législative (2 mars 1854). « Nous avons vu, en Orient, dit-il, au milieu d'une paix profonde, un souverain exiger tout à coup de son voisin, plus faible, des avantages nouveaux, et, parce qu'il ne les obtenait pas, envahir deux de ses provinces. Seul, ce fait devait mettre les armes aux mains de ceux que l'iniquité révolte. Mais nous avions aussi d'autres raisons d'appuyer la Turquie. La France a autant et peut-être plus d'intérêt que l'Angleterre à ce que l'influence de la Russie ne s'étende pas indéfiniment sur Constantinople ; car régner sur Constantinople, c'est régner sur la Méditerranée, et personne de vous, Messieurs, je le pense, ne dira que l'Angleterre seule a de grands intérêts dans cette mer, qui baigne 300 lieues de nos côtes. D'ailleurs, cette politique ne date pas d'hier ; depuis des siècles, tout Gouvernement national, en France, l'a soutenue ; je ne la déserterai pas.

« Qu'on ne vienne donc plus nous dire : Qu'allez-vous faire à Constantinople ? Nous y allons avec l'Angleterre pour défendre la cause du Sultan, et néanmoins, pour protéger les droits des chrétiens ; nous y allons pour défendre la liberté des mers et notre juste influence dans la Méditerranée. Nous y allons, avec l'Allemagne, pour l'aider à conserver le rang dont on semblait vouloir la faire descendre, pour assurer ses frontières contre la prépondérance d'un voisin trop puissant. Nous y allons, enfin, avec tous ceux qui veulent le triomphe du bon droit, de la justice et de la civilisation. »

En effet, il était évident pour tous « que, si la France tirait l'épée, c'est qu'elle y était contrainte. » Napoléon le proclamait hautement : « Le temps des conquêtes est passé sans retour ; car ce n'est pas en reculant les limites de son territoire qu'une nation peut désormais être honorée et puissante, c'est en se mettant à la tête des idées généreuses, en faisant prévaloir partout l'empire du droit et de la justice. »

L'Empereur, dont une absence prolongée eût compromis l'ordre et la paix de l'intérieur, dut renoncer au désir qu'il avait de commander l'armée d'Orient, comme il le fit plus tard dans la guerre d'Italie. Il confia ce commandement suprême au maréchal Leroy de Saint-Arnaud, ministre de la guerre (15 mars).

Le traité d'alliance, conclu le 10 avril 1854, entre l'Angleterre et la France, était la conséquence de la convention arrêtée, le 12 mars, à Constantinople, entre ces deux puissances et la

Porte ottomane. A cette alliance, due à la généreuse initiative de l'Empereur des Français, adhérèrent, le 26 janvier 1855, le roi de Sardaigne, et, le 21 novembre, le roi de Suède et de Norwège. L'Autriche, à son tour, placée entre sa gratitude pour les services que lui avait rendus Nicolas Ier et le soin de ses intérêts actuels, — position aussi épineuse que délicate, — s'exposa à la haine de la Russie, en se joignant, le 2 décembre, aux signataires du traité, sans convaincre la France et l'Angleterre de la franchise de son adhésion.

Sur ces entrefaites, l'Empereur et l'Impératrice firent, au mois d'avril, une visite à la reine Victoria, et arrivèrent, le 16, au palais de Windsor. Les principales villes de l'Angleterre leur firent présenter des adresses de félicitations, et la Cité de Londres lui offrit, le 19, un banquet, où Napoléon prononça ces paroles remarquables : « L'Angleterre et la France se trouvent naturellement d'accord sur les grandes questions de politique ou d'humanité qui agitent le monde. Depuis les rivages de l'Atlantique jusqu'à ceux de la Méditerranée, depuis la Baltique jusqu'à la mer Noire, depuis l'abolition de l'eslavage jusqu'aux vœux pour l'amélioration du sort des contrées de l'Europe, je ne vois, dans le monde moral comme dans le monde politique, pour nos deux nations, qu'une même route à suivre, qu'un même but à atteindre. Il n'y a donc que des intérêts secondaires ou des rivalités mesquines qui pourraient les diviser. Le bon sens à lui seul nous répond de l'avenir. » A peine les deux hôtes illustres de la Grande-Bretagne étaient-ils de retour à Paris (22 avril), qu'un Italien, nommé Pianori, tenta d'assassiner l'Empereur dans les Champs-Élysées. Aussitôt le Sénat accourut le féliciter d'avoir échappé à cet attentat. « Je ne crains pas des tentatives d'assassin, dit Napoléon. Il est des existences qui sont les instruments des décrets de la Providence. Tant que je n'aurai pas accompli ma mission, je ne cours aucun danger. »

Cependant la France et l'Angleterre envoyaient leurs troupes en Orient. Le 20 avril 1854, une escadre, commandée par le vice-amiral Parseval-Deschênes, quitta la rade de Brest et rejoignit, dans la Baltique, l'escadre anglaise, placée sous les ordres de sir Charles Napier. « S'assurer de la force militaire de Cronstadt, de Sweaborg, de Revel, d'Hango et de Bomarsund ; atteindre la Russie dans sa flotte ; détruire ses forts, intercepter ses convois, mais s'abstenir autant que possible d'attaquer des villes ouvertes, des places sans défense ; épargner aux propriétés privées tout dommage qui n'aurait pas pour objet direct de réduire les ressources navales et militaires de l'ennemi, et respecter partout les devoirs sacrés de l'humanité ; telles étaient les instructions de l'amiral français, dont la dernière fut particulièrement observée. La première eut pour conséquences : la reconnaissance exacte des moyens de fortification de Cronstadt, le blocus rigoureux du golfe de Finlande et de la Baltique, et la prise de Bomarsund (16 août), suivie de l'occupation des îles d'Aaland ; magnifique fait d'armes qui valut le bâton de maréchal au général Baraguay d'Hilliers, et termina la première campagne de la Baltique. Dix mois plus tard, la flotte des alliés, composée d'une nouvelle division navale française et de l'escadre anglaise commandée par l'amiral Dundas, reconnaissait l'impossibilité de rien tenter contre Cronstadt (1er juin), mais ne laissait pas de causer des dommages réels aux Russes, en bombardant Sweaborg et Helsingfors, du 7 au 11 août.

Tandis que la Russie essuyait de rudes échecs au Nord, les armées alliées agissaient au Sud avec une rapidité et une vigueur sans pareille. Ne pouvant atteindre les Russes sur les bords du Danube, elles pénétrèrent en Crimée ; et bientôt la glorieuse journée de l'Alma (20 septembre 1854), fit un digne pendant à la prise de Bomarsund. « Le canon de Votre Majesté a parlé, écrivit le maréchal de Saint-Arnaud à l'Empereur, nous avons remporté une victoire complète. C'est une belle journée, Sire, à ajouter aux fastes milaires de la France... Les Russes (sous les ordres de Mentchikoff) ont perdu environ 5,000 hommes. Le champ de bataille est jonché de leurs morts, nos ambulances sont pleines de leurs blessés. L'artillerie russe nous a fait du mal, mais la nôtre lui est bien supérieure. Je regretterai toute ma vie de ne pas avoir eu seulement mes deux régiments de chasseurs d'Afrique. Les zouaves se sont fait admirer des deux armées : ce sont les premiers soldats du monde. » Le prince Napoléon et le duc de Cambridge avaient pris part à ce beau fait d'armes. Malheureusement le maréchal Saint-Arnaud, atteint du choléra, dut être transporté à bord du navire le *Berthollet*, où il mourut quelques heures après, laissant l'héritage de son commandement au brave général Canrobert. Suivant l'expression de l'Empereur, « le maréchal avait semblé forcer la mort à attendre qu'il eût vaincu. »

L'armée victorieuse, traversant la vallée de la Tchernaïa, s'installa entre Balaclava et Sébastopol, dont elle organisa le siége. Les escadres s'embossèrent dans la baie de Kamiesch. Après les victoires de Balaclava (25 octobre), et d'Inkermann (5 novembre), où se distingua le général Bosquet, tous ses efforts se concentrèrent sur la réduction de Sébastopol. L'empereur, obligé de se borner à suivre avec une extrême sollicitude les péripéties de ce grand drame militaire, ne cessait de veiller à l'approvisionnement, à la santé et au bien-être des troupes. Le 9 janvier 1855, il passait en revue la garde impériale qui allait partir pour la Crimée : « Le drapeau de la France, disait-il, flotte avec honneur sur ces rives lointaines, où le vol audacieux de nos aigles n'était pas encore parvenu... Allez prendre votre part de ce qui reste encore de dangers à surmonter et de gloire à recueillir. Bientôt, vous aurez reçu le noble baptême que vous ambitionnez, et vous aurez concouru à planter nos aigles sur les murs de Sébastopol. » Les regards de l'Europe étaient fixés, en effet, sur les points de la carte du monde où se débattait le sort de l'Empire ottoman, quand la mort inattendue de l'empereur Nicolas (18 février 1855), vint surprendre tous les esprits. On crut d'abord que les difficultés allaient s'aplanir. Le nouveau czar, Alexandre II, d'humeur peu belliqueuse, disait-on, ne manquerait pas de faciliter un arrangement, fort désiré par les puissances européennes. L'illusion fut de courte durée ; le 8 mars, la garnison de Sébastopol apprit la mort de Nicolas et le remplacement du général Mentchikoff par le prince Gortchakoff, qui, en prenant le commandement, annonça, dans un ordre du jour, qu'*un succès définitif couronnerait bientôt ses efforts.*

De leur côté, les armées alliées poussaient les travaux du siége avec activité et continuaient à battre les Russes dans toutes les rencontres, lorsque l'Empereur adressa, le 28 avril, au général Canrobert, un nouveau plan d'opération. Mais le brave général, dont la santé était gravement altérée par les fatigues du siége et les rigueurs de l'hiver, remit le commandement en chef au général Pélissier. « La détermination du général Canrobert, dit un historien de la campagne de Crimée (1), n'avait pas seulement pour motif la faiblesse de sa santé. Depuis le 31 mai, de fréquents conseils de guerre s'étaient tenus entre les généraux en chef, les amiraux et quelques généraux de division. Le général y avait proposé d'expédier un corps d'armée sur le Belbeck. Le général Pélissier était d'avis qu'on devait se porter sur la Tchernaïa et agir au nord de Sébastopol. Ce fut ce dernier plan que l'Empereur approuva. Le général Canrobert craignit de ne pouvoir mener à bonne fin un projet qui n'était pas le sien, et il prit le parti de se retirer. Les officiers-généraux furent réunis le 19 mai, et, au milieu d'une émotion unanime, le démissionnaire remit ses pouvoirs à son successeur. » C'était une rude tâche qu'acceptait le général Pélissier. Les Russes se montraient de plus en plus infatigables. Les revers, loin de les abattre, semblaient accroître leur ardeur. Mais les troupes alliées redoublent d'efforts ; le 7 juin, elles

---

(1) Émile de La Bédollière.

enlèvent le grand Redan où l'ennemi avait établi sa ligne de défense; le 16 août, elles remportent une victoire éclatante sur les rives de la Tchernaïa. « La nouvelle victoire, écrit Napoléon III au général Pélissier pour le féliciter, prouve pour la troisième fois la supériorité des armées alliées sur l'ennemi, lorsqu'il est en rase campagne... Dites à vos braves soldats qui, depuis plus d'un an, ont supporté des fatigues inouïes, que le terme de leurs épreuves n'est pas éloigné. Sébastopol, je l'espère, tombera bientôt sous leurs coups. » En effet, le 8 septembre, c'est-à-dire trois semaines après, le général Pélissier donnait l'ordre de livrer l'assaut. « Le bastion central, le grand Redan, la tour Malakoff, le petit Redan du Carénage, sont attaqués simultanément. Aux deux extrémités de cette ligne immense, l'ennemi résiste avec ténacité; les Anglais ne peuvent se maintenir dans le grand Redan; la division Levaillant échoue dans le bastion central et la division Dulac devant les ouvrages du Carénage; mais les divisions La Motterouge et Mac-Mahon, soutenues par les réserves que leur envoie incessamment le général Bosquet, gagnent du terrain dans

Malakoff et dans la courtine voisine. A quatre heures et demie, les Russes renoncent à se défendre; ils ne se préoccupent plus que d'évacuer la ville, après l'avoir dévastée. » Pendant que s'écroulait sous nos coups le boulevard de la puissance moscovite dans la mer Noire, le général d'Allonville remportait une victoire à Koughil; l'amiral Bruat s'emparait de la forteresse de Kinburn, après quelques heures de bombardement. Omer-Pacha débarquait en Asie-Mineure avec 15,000 hommes, traversait l'Ingour, prenait la route de Kutaïs et forçait les généraux William et Vassy-Pacha à signer la reddition de Kars. N'oublions pas la part glorieuse que prit la Sardaigne à la campagne de Crimée, dont l'heureuse issue valut au général Pélissier le bâton de maréchal et le titre de duc de Malakoff.

C'est pendant le cours de cette campagne que s'ouvrit à Paris l'exposition universelle; lutte pacifique, celle-là, et non moins glorieuse, où le génie des hommes remporte des victoires qui ne profitent qu'à la civilisation et au progrès. En distribuant les récompenses décernées aux vainqueurs (15 novembre), l'Empereur laissait tomber du haut du trône ces paroles empreintes d'une sagesse profonde : « A la vue de tant de merveilles étalées à nos yeux, la première impression est un désir de paix. La paix seule, en effet, peut développer encore les remarquables produits de l'intelligence humaine. Vous devez donc tous souhaiter comme moi que cette paix soit prompte et durable. Mais pour être durable, elle doit résoudre nettement la question qui a fait entreprendre la guerre. Pour être prompte, il faut que l'Europe se prononce ; car, sans la pression de l'opinion générale, les luttes entre les grandes puissances menacent de se prolonger, tandis que, au contraire, si l'Europe se décide à déclarer qui a tort ou qui a raison, ce sera un grand pas vers la solution. A l'époque de la civilisation où nous sommes, les succès des armées, quelque brillants qu'ils soient, ne sont que passagers ; c'est, en définitive, l'opinion publique qui remporte toujours la dernière victoire. Vous tous, donc, qui pensez que les progrès de l'agriculture, de l'industrie, du commerce d'une nation, contribuent au bien-être de toutes les autres, et que, plus les rapports réciproques se multiplient, plus les préjugés nationaux tendent à s'effacer ; dites à vos concitoyens, en retournant dans votre patrie, que la France n'a de haine contre aucun peuple ; qu'elle a de la sympathie pour tous ceux qui veulent, comme elle, le triomphe du droit et de la justice ; dites-leur que, s'ils désirent la paix, il faut qu'ouvertement ils fassent au moins des vœux pour ou contre nous ; car, au milieu d'un grave conflit européen, l'indifférence est un mauvais calcul et le silence une erreur. »

Cependant, le 16 janvier 1856, Alexandre II déclara accepter comme devant servir de bases à un traité de paix, les propositions de l'Autriche, ainsi conçues : 1° Le protectorat russe sera aboli sur les provinces danubiennes ; 2° La liberté du Danube et de ses embouchures sera efficacement assurée ; 3° La mer Noire, neutralisée, sera interdite à toutes les marines militaires ; 4° Les immunités des sujets chrétiens de la Porte seront consacrées, sans toutefois porter atteinte à l'indépendance et à la dignité de la couronne du Sultan ; 5° Les puissances belligérantes se réservent le droit de produire, dans un congrès européen, des conditions particulières en sus des quatre garanties. — Cette déclaration suspendit les hostilités, et, le 25 février, un congrès s'ouvrit à Paris, composé des plénipotentiaires de la France, de la Grande-Bretagne, de l'Autriche, de la Sardaigne, de la Turquie et de la Russie. Après dix-huit séances, présidées par notre ministre, le comte Colonna Waleski, ils signèrent, le 30 mars, un traité, où la Prusse ne figura que comme signataire des traités de 1841 touchant les Dardanelles. Ce traité, qui stipulait l'échange des prisonniers de guerre et l'évacuation du territoire conquis en Russie, établissait, en outre, que « dans le cas où un dissentiment éclaterait entre la Porte et une ou plusieurs des autres puissances signataires du traité, toutes seraient mises en mesure d'exercer une active médiation ; la liberté du Danube était assurée ; la mer Noire neutralisée ; la frontière de Bessarabie rectifiée ; une commission spéciale chargée de régler le sort de la Moldavie et de la Valachie, qui échappaient au protectorat moscovite. » Enfin, par un traité définitif et spécial (15 avril), l'Angleterre, l'Autriche et la France s'engagèrent à garantir, conjointement et séparément, l'indépendance et l'intégrité de l'empire ottoman : « Toute infraction au traité du 30 mars sera considérée par elles comme un *casus belli*. Elles s'entendront avec la Sublime-Porte pour les mesures qui seront devenues nécessaires, et régleront, entre elles, sans délai, l'emploi à faire de leurs forces militaires et navales. »

IX

Ainsi se termina cette lutte héroïque, dont l'Empereur signala les heureux effets pour nous dans son discours du 13 mars au Corps législatif :

« Partout nos alliances se sont étendues, avait-il dit; le troisième emprunt a été couvert sans difficultés. Le pays m'a prouvé de nouveau sa confiance en souscrivant pour une somme cinq fois plus forte que celle que je demandais.

« La Reine de la Grande-Bretagne, voulant donner une preuve de sa confiance, de son estime pour notre pays, et rendre nos relations plus intimes, est venue en France. L'accueil enthousiaste qu'elle a reçu a dû lui prouver combien les sentiments inspirés par sa présence étaient profonds et de nature à fortifier l'alliance des deux peuples.

« Le Roi de Piémont, qui, sans regarder derrière lui, avait embrassé notre cause, avec cet élan courageux qu'il avait déjà montré sur le champ de bataille, est venu aussi, en France, consacrer une union déjà cimentée par la bravoure de ses soldats.

« Ces souverains ont pu voir un pays naguère si agité et si déshérité de son rang dans les Conseils de l'Europe, aujourd'hui prospère, paisible et respecté, faisant la guerre, non pas avec le délire momentané de la passion, mais avec le calme de la justice et l'énergie du devoir. Ils ont vu la France, qui envoyait deux cent mille hommes à travers les mers, convoquer, en même temps, à Paris, tous les arts de la paix, comme si elle eût voulu dire à l'Europe :

« La guerre actuelle n'est encore pour moi
« qu'un épisode ; mes idées et mes forces sont
« en partie toujours dirigées vers les arts et la
« paix. Ne négligeons rien pour nous entendre,
« et ne me forcez pas à jeter sur les champs de
« bataille toutes les ressources et toute l'énergie
« d'une grande nation. »

« Cet appel semble avoir été entendu... »

Mais, en jetant un coup d'œil en arrière, nous retrouvons encore de la gloire pour la France sur un autre point du globe. Le 24 septembre 1853, nos colonies s'étaient augmentées de la Nouvelle-Calédonie et de ses dépendances : île de l'Océan pacifique, plus grande que la Corse et l'île de Sardaigne réunies, et située à 3,000 lieues de la Métropole. Cette prise de possession, au nom de l'Empereur, par le contre-amiral Febvrier-Despointes, causa naturellement une grande émotion dans les colonies anglaises de l'Océan, et fit ombrage au gouvernement de la Nouvelle-Galles du Sud. Cependant le bruit s'en perdit sans doute dans la grande tempête qui venait de s'élever du côté de la Turquie.

Au dedans, un événement impatiemment attendu vint ajouter à toutes les joies de la famille impériale. Un héritier du trône naissait, à Paris, le 16 mars 1856. « Vous avez salué en lui, dit l'Empereur à la députation du Corps législatif, l'espoir, dont on aime à se bercer, de la perpétuité d'un système qu'on regarde comme la plus sûre garantie des intérêts généraux du pays; mais les acclamations unanimes qui entourent son berceau ne m'empêchent pas de réfléchir sur la destinée de ceux qui sont nés et dans le même lieu et dans des circonstances analogues. Si j'espère que son sort sera plus heureux, c'est que, d'abord, confiant dans la Providence, je ne puis douter de sa protection en la voyant relever, par un concours de circonstances extraordinaires, tout ce qu'il lui avait plu d'abattre il y a quarante ans, comme si elle avait voulu vieillir, par le martyre et par le malheur, une nouvelle dynastie sortie des rangs du peuple. Ensuite, l'histoire a des enseignements que je n'oublierai pas. Elle me dit, d'une part, qu'il ne faut jamais abuser des faveurs de la fortune ; d'une autre, qu'une dynastie n'a de chance de stabilité que si elle reste fidèle à son origine en s'occupant uniquement des intérêts populaires pour lesquels elle a été créée. »

Enfin, le 16 février 1857, Sa Majesté, ouvrant la session législative, caractérisait de la sorte la période écoulée : « La France, sans froisser les droits de personne, a repris dans le monde le rang qui lui convenait, et peut se livrer avec sécurité à tout ce que produit de grand le génie de la paix. Que Dieu ne se lasse pas de la protéger,

8.

et bientôt l'on pourra dire de notre époque ce qu'un homme d'État, historien illustre et national, a écrit du consulat : « *La satisfaction était partout, et quiconque n'avait pas dans le cœur les mauvaises passions des esprits, était heureux du bonheur public.* »

A peine la paix venait-elle d'être conclue avec la Russie, que les regards de la France durent se tourner vers l'orient de l'Asie. L'expédition de Chine, entreprise de concert avec l'Angleterre, eut pour résultats importants, entre autres, d'arracher le Céleste-Empire à son isolement séculaire, et de le faire entrer en relation avec le reste du monde civilisé. Tandis que se signait à Tien-Tsin (27 juin 1858) un traité de paix et de commerce, que l'empereur Hieng-Foung ratifia le 3 juillet suivant, de graves événements se préparaient en Italie et allaient encore entraîner la France dans les hasards de la guerre. Au mois de janvier 1859, notre situation politique vis-à-vis de l'Autriche faisait présager une rupture, dont le motif prenait sa source dans les dissentiments survenus de longue date entre François-Joseph et Victor-Emmanuel. Napoléon III révéla tout à coup cet état de choses, en disant, le

1er janvier, au baron de Hübner : « Je regrette que nos relations avec votre gouvernement ne soient pas aussi bonnes que par le passé ; mais je vous prie de dire à l'Empereur que mes sentiments personnels pour lui ne sont pas changés. » Ces paroles étaient significatives ; l'opinion publique les interpréta dans le sens de la guerre, et, malgré les dénégations du *Moniteur* (7 janvier), on pressentit l'impossibilité d'une solution pacifique, surtout quand le roi de Sardaigne eut dit à l'ouverture des chambres (10 janvier) : « L'horizon au milieu duquel s'élève la nouvelle année n'est pas parfaitement serein..... Notre pays, petit par son territoire, a grandi en crédit dans les conseils de l'Europe, parce qu'il est grand par les idées qu'il représente, par les sympathies qu'il inspire. » Antérieurement, le journal officiel de Vienne avait annoncé l'envoi d'un corps de 30,000 hommes en Italie, ce qui portait l'armée autrichienne à un chiffre exorbitant, relativement aux besoins justifiés par le maintien de l'ordre à l'intérieur. Le Piémont voyait et signalait ces menaces de guerre ; l'Autriche récriminait et dissimulait à peine son humeur belliqueuse. Les sympathies générales étaient pour le peuple qui aspirait à reconquérir sa nationalité. Le 7 février, à l'ouverture de la session, Napoléon III traçait ainsi sa ligne de conduite : « Que les uns appellent la guerre de tous leurs vœux sans raisons légitimes ; que les autres, dans leurs craintes exagérées, se plaisent à montrer à la France les périls d'une nouvelle coalition, je resterai inébranlable dans la voie du droit, de la justice, de l'honneur national, et mon gouvernement ne se laissera ni entraîner ni intimider, parce que ma politique ne sera jamais ni provocatrice ni pusillanime. » Bref ! au milieu de toutes les tentatives faites par la diplomatie pour conjurer l'orage, le *Moniteur* du 22 avril vint annoncer officiellement que l'Autriche, jetant définitivement le masque, refusait de consentir *au désarmement général* proposé par l'Angleterre, et sommait le cabinet de Turin d'avoir à désarmer dans les trois jours qui suivraient la notification de son *ultimatum*, sous peine de voir les frontières sardes envahies par les troupes autrichiennes.

En face d'une agression aussi brusque qui, en brisant toutes les négociations diplomatiques, excitait une indignation universelle, Napoléon III ordonna la concentration de plusieurs divisions sur les frontières du Piémont, et la formation de quatre corps d'armée : le premier sous les ordres du maréchal Baraguey-d'Hilliers ; le deuxième confié au général Mac-Mahon ; le troisième au maréchal Canrobert, et le quatrième au général Niel. Un cinquième corps, dit d'observation, fut placé sous le commandement du prince Napoléon ; le général Regnault-de-Saint-Jean-d'Angély reçut celui de la garde impériale ; l'Empereur se réservait le commandement en chef. « Quel contraste, dit un biographe (1), avec l'attentat qui fut dirigé, quinze mois auparavant, contre la vie du généreux défenseur de la cause italienne ! Un réfugié italien, Orsini, s'était concerté avec quelques autres réfugiés de Londres, pour assassiner l'Empereur, qu'il considérait comme le principal obstacle à l'affranchissement de l'Italie. Les détails de ce crime (14 janvier 1858) sont connus. Des éclats de projectiles, lancés jusque sous la voiture de l'Empereur, qui se rendait avec l'Impératrice à l'Opéra, blessèrent ou tuèrent plusieurs soldats de l'escorte et de la

---

(1) M. Hoefer.

garde de Paris, ainsi qu'un certain nombre de de curieux ou de passants. Les blessés et les parents des victimes devinrent l'objet de la sollicitude particulière de l'Empereur, qui eut lui-même son chapeau traversé par un éclat de projectile. »

L'embarquement des troupes s'effectua à Toulon, le 25 avril 1859. Quelques jours avant, un corps d'armée avait franchi les Alpes et était entré à Turin avant que le délai fixé par *l'ultimatum* autrichien fût expiré. Le 3 mai, Napoléon III, jaloux de bien définir les causes et le but de la guerre, adressait cette déclaration au peuple français :

« L'Autriche, en faisant entrer son armée sur le territoire du roi de Sardaigne, notre allié, nous déclare la guerre. Elle viole ainsi les traités, la justice, et menace nos frontières. Toutes les grandes puissances ont protesté contre cette agression. Le Piémont ayant accepté les conditions qui devaient assurer la paix, on se demande quelle peut être la raison de cette invasion soudaine : c'est que *l'Autriche a amené les choses à cette extrémité, qu'il faut qu'elle domine jusqu'aux Alpes, ou que l'Italie soit libre jusqu'à l'A-*

driatique ; car, dans ce pays, tout coin de terre qui demeure indépendant est un danger pour son pouvoir. Jusqu'ici, la modération a été la règle de ma conduite ; maintenant, l'énergie devient mon premier devoir. Que la France s'arme et dise résolûment à l'Europe : Je ne veux pas de conquête, mais je veux maintenir sans faiblesse ma politique nationale et traditionnelle ; j'observe les traités, à condition qu'on ne les violera pas contre moi ; je respecte le territoire et les droits des puissances neutres, mais j'avoue hautement ma sympathie pour un peuple dont l'histoire se confond avec la nôtre, et qui gémit sous l'oppression étrangère. La France a montré sa haine contre l'anarchie ; elle a voulu me donner un pouvoir assez fort pour réduire à l'impuissance les fauteurs de désordre et les hommes incorrigibles de ces anciens partis qu'on voit sans cesse pactiser avec nos ennemis ; mais elle n'a pas pour cela abdiqué son rôle civilisateur. Ses alliés naturels ont toujours été ceux qui veulent l'amélioration de l'humanité, et, quand elle tire l'épée, ce n'est point pour dominer, mais pour affranchir. Le but de cette guerre est donc de rendre l'Italie à elle-même, et non de la faire changer de maître, et nous aurons à nos frontières un peuple ami qui nous devra son indépendance. Nous n'allons pas en Italie fomenter le désordre ni ébranler le Pouvoir du Saint-Père, que nous avons replacé sur son Trône, mais le soustraire à cette pression étrangère qui s'appesantit sur toute la Péninsule, contribuer à y fonder l'ordre sur des intérêts légitimes satisfaits. Nous allons enfin sur cette terre classique, illustrée par tant de victoires, retrouver les traces de nos pères ; Dieu fasse que nous soyons dignes d'eux ! Je vais bientôt me mettre à la tête de l'armée. Je laisse en France l'Impératrice et mon Fils. Secondée par l'expérience et les lumières du dernier frère de l'Empereur, elle saura se montrer à la hauteur de sa mission. Je les confie à la valeur de l'armée qui reste en France pour veiller sur nos frontières, comme pour protéger le foyer domestique ; je les confie au patriotisme de la garde nationale ; je les confie, enfin, au peuple tout entier, qui les entourera de cet amour et de ce dévouement dont je reçois chaque jour tant de preuves. Courage donc et union ! Notre pays va encore montrer au monde qu'il n'a pas dégénéré. La Providence bénira nos efforts ; car elle est sainte aux yeux de Dieu, la cause qui s'appuie sur la justice, l'humanité et l'amour de la patrie et de l'indépendance. »

Le 10 mai, après avoir confié la régence à l'Impératrice, et conféré au prince Jérôme le droit de présider le conseil privé et le conseil des ministres, en l'absence de la Régente, l'Empereur quitta les Tuileries à cinq heures du soir, au milieu des acclamations de la foule, et partit pour l'Italie. Le 12, il débarquait à Gênes, et disait dans un ordre du jour : « Nous allons seconder la lutte d'un peuple revendiquant son indépendance, et le soustraire à l'oppression étrangère. C'est une cause sainte qui a les sympathies du monde civilisé. Je n'ai pas besoin de stimuler votre ardeur : chaque étape vous rappellera une victoire. Dans la voie sacrée de l'ancienne Rome, les inscriptions se gravaient sur le marbre, pour rappeler au peuple ses hauts faits ; de même aujourd'hui, en passant par Mondovi, Marengo, Lodi, Castiglione, Arcole, Rivoli, vous marcherez dans une voie sacrée, au milieu de ces glorieux souvenirs. » Le lendemain, Napoléon III eut une entrevue avec le roi Victor-Emmanuel. Puis, mettant à profit l'imprudente inaction des

Autrichiens, qui, après leur invasion des Etats sardes, auraient dû courir sur Turin sans désemparer, il concentra rapidement ses corps d'armée. Les 1er et 2e corps pénétrèrent en Piémont par le mont Cenis et le col de Genève, tandis que les 3e et 4e corps s'embarquèrent de Marseille, de Toulon et d'Alger, pour Gênes. La garde impériale s'était embarquée à Toulon. Le 14 mai, l'Empereur vient établir son quartier général à Alexandrie, et occupe toute la ligne du Pô, parallèlement à l'ennemi, sans laisser deviner le point par lequel il veut franchir le fleuve. Les 1er et 2e corps ont devant eux l'armée autrichienne, massée en arrière de Casteggio, sur la route de Pavie. Le 20 mai, les alliés inaugurent la campagne par le combat de Montebello, où le général Forey et les escadrons du colonel Sonnaz poussent énergiquement un ennemi bien supérieur en nombre. La mort du général Beuret fut l'événement le plus douloureux de la journée. Le beau fait d'armes de Palestro (30 mai) devait marquer la deuxième étape dans la marche victorieuse de l'armée franco-sarde. Il fut mis à l'ordre du jour par l'Empereur. Le 2 juin, l'armée française atteignit le Tessin à la hauteur de

Buffalora et de Turbigo ; elle le franchit le 3, et, le 4 juin, eut lieu la bataille de Magenta, sous le commandement, en personne, de Napoléon III. La victoire fut complète, mais achetée par la perte des généraux Cler et Espinasse. L'ennemi perdit 20,000 hommes, tués ou blessés ; on lui fit 7,000 prisonniers ; on lui prit deux drapeaux et trois canons. L'armée française perdit 4,000 hommes, tués ou blessés, et un canon pris par les Autrichiens. A l'issue de cette bataille mémorable, le général Mac-Mahon reçut le titre de duc et le bâton de maréchal. Le 8 juin, l'Empereur et le roi de Sardaigne entrèrent triomphalement à Milan, après avoir délogé les Autrichiens de Melegnano, où ils comptaient se fortifier. Les vainqueurs furent accueillis avec un enthousiasme indescriptible dans la capitale de la Lombardie, d'où Napoléon III adressa aux populations italiennes une proclamation où il disait :

« Vos ennemis, qui sont les miens, ont tenté de diminuer la sympathie universelle qu'il y avait en Europe pour votre cause, en faisant croire que je ne faisais la guerre que par ambition personnelle ou pour agrandir le territoire de la France.

« S'il y a des hommes qui ne comprennent pas leur époque, je ne suis pas du nombre. Dans l'état éclairé de l'opinion publique, on est plus grand aujourd'hui par l'influence morale qu'on exerce, que par les conquêtes stériles, et cette influence morale, je la recherche avec orgueil, en contribuant à rendre libre une des plus belles parties de l'Europe...

« La Providence favorise quelquefois les peuples comme les individus, en leur donnant l'occasion de grandir tout à coup, mais c'est à la condition qu'ils sachent en profiter. Profitez donc de la fortune qui s'offre à vous ! Votre désir d'indépendance, si longtemps exprimé, si souvent déçu, se réalisera si vous vous en montrez dignes. Unissez-vous donc dans un seul but : l'affranchissement de votre pays. Organisez-vous militairement. Volez sous les drapeaux du roi Victor-Emmanuel, qui vous a déjà si noblement montré la voie de l'honneur. Souvenez-vous que, sans discipline, il n'y a pas d'armée, et, animés du feu sacré de la patrie, ne soyez aujourd'hui que soldats ; demain, vous serez citoyens libres d'un grand pays. »

Cinq jours après, se livrait la bataille de Solférino. L'armée ennemie, maîtresse des plus fortes positions, et réunie sur les bords du Mincio, se composait de 250,000 hommes ; la lutte, commencée le 24 juin, à quatre heures du matin, dura seize heures, et se termina par une victoire plus éclatante encore que celle de Magenta. Il y eut 35,000 Autrichiens de tués ou blessés, 30 pièces de canon et 3 drapeaux de pris, 7,000 prisonniers, et l'ennemi fut chassé de toutes les positions qu'il avait prises sur la rive droite du Mincio. L'armée française eut 12,000 soldats tués ou blessés, et 720 officiers mis hors de combat, parmi lesquels 150 furent tués. L'armée sarde éprouva des pertes considérables, et disons, à sa gloire et à celle de Victor-Emmanuel, que, pendant toute la campagne, roi et soldats combattirent en véritables héros. « Solferino, dit l'ordre du jour de l'Empereur (25 juin), surpasse les éclatants souvenirs de Lonato et de Castiglione. » Du reste, tous firent leur devoir dans cette journée, où le général Niel conquit, à son tour, le bâton de maréchal. « Napoléon III, dit un écrivain, se montra à la hauteur des plus braves généraux des temps anciens et modernes. Il fut présent partout où se trouvait le danger, et déploya une tactique et un courage qui dénotent non-seulement un immense génie militaire, mais encore une audace qui assure le succès des batailles ! »

Le 1er juillet, l'armée française franchit le Minciò sans résistance, et, le 3, le prince Napoléon atteignit Goito, à la tête du 5e corps, pour faire sa jonction avec le reste des troupes. Arrivée devant Vérone, l'armée de Napoléon III occupa une ligne compacte, qui s'étend depuis Castelnovo jusqu'à Pozzolo. Peschiera était sous le canon sarde. Enfin, une flotte, sous les ordres de l'amiral Romain-Défossés, et maîtresse de l'île de Lassini, dans l'Adriatique, n'attendait que le signal de l'attaque contre Venise, lorsque Napoléon III résolut de proposer une suspension d'armes à l'empereur d'Autriche (7 juillet). Le 11, les deux souverains eurent une entrevue à Villafranca, situé à peu près à égale distance de Vérone et de Solferino. « A neuf heures précises, raconte le baron de Bazancourt (1), l'Empereur Napoléon atteignit Villafranca ; et, comme l'empereur François-Joseph n'était pas encore

(1) *La Campagne d'Italie de* 1859, t. II, p. 349.

arrivé, il continua sa route dans la direction de Vérone, voulant, par courtoisie, aller au-devant de Sa Majesté. Son escorte se rangea en bataille, à la sortie de Villafranca, dans un champ sur la gauche de la route. Bientôt apparut l'Empereur d'Autriche, qui marchait en tête de son escorte. L'Empereur des Français mit aussitôt son cheval au galop et s'avança seul au-devant de Sa Majesté. Les deux empereurs échangèrent une poignée de mains, mirent pied à terre dans la Grande-Rue de Villafranca, devant la maison de M. Morelli, et montèrent au premier étage, où un salon leur avait été préparé. De leur entretien, qui dura près de deux heures, sortirent les *Préliminaires de Villafranca*, ainsi formulés :

« Confédération italienne, sous la présidence honoraire du Pape.

« L'Empereur d'Autriche cède ses droits sur la Lombardie à l'Empereur des Français, qui les remet au roi de Sardaigne.

L'empereur d'Autriche conserve la Vénétie, mais elle fait partie intégrante de la confédération italienne. »

Avant de quitter son armée, Napoléon III lui adressa, le 12 juillet, cet ordre du jour :

« Les bases de la paix sont arrêtées avec l'empereur d'Autriche ; le but principal de la guerre est atteint : l'Italie va devenir, pour la première fois, une grande nation. Une confédération de tous les États de l'Italie, sous la présidence honoraire du Saint-Père, réunira en faisceau les membres d'une même famille ; la Vénétie reste, il est vrai, sous le sceptre de l'Autriche : elle sera néanmoins une province italienne faisant partie de la Confédération.

« La réunion de la Lombardie au Piémont nous crée, de ce côté des Alpes, un allié puissant qui nous devra son indépendance ; les gouvernements restés en dehors du mouvement ou rappelés dans leur possessions, comprendront la nécessité de réformes salutaires. Une amnistie générale fera disparaître les traces des discordes civiles. L'Italie, désormais maîtresse de ses destinées, n'aura plus qu'à s'en prendre à elle-même, si elle ne progresse pas régulièrement dans l'ordre et la liberté.

« Vous allez bientôt retourner en France, la patrie, reconnaissante, accueillera avec transports ces soldats qui ont porté si haut la gloire de nos armes à Montebello, à Palestro, à Turbigo, à Magenta, à Marignan, à Solférino ; qui, en deux mois, ont affranchi le Piémont et la Lombardie, et ne se sont arrêtés que parce que la lutte allait prendre des proportions qui n'étaient plus en rapport avec les intérêts que la France avait dans cette guerre formidable.

« Soyez donc fiers de vos succès, fiers des résultats obtenus, fiers surtout d'être les enfants bien-aimés de cette France, qui sera toujours la grande nation, tant qu'elle aura un cœur pour comprendre les nobles causes et des hommes comme vous pour les défendre. »

Le 19 juillet, l'Empereur, de retour au palais de Saint-Cloud, disait aux grands corps de l'État :

« En me retrouvant au milieu de vous, qui, pendant mon absence, avez entouré l'impératrice et mon fils de tant de dévouement, j'éprouve le besoin de vous remercier d'abord, et ensuite de vous expliquer quel a été le mobile de ma conduite. Lorsque, après une heureuse campagne de deux mois, les armées française et sarde arrivèrent sous les murs de Vérone, la lutte allait inévitablement changer de nature, tant sous le rapport militaire que sous le rapport politique. J'étais fatalement obligé d'attaquer de front un ennemi retranché derrière de grandes forteresses, protégé contre toute diversion sur ses flancs, par la neutralité des territoires qui l'entourent; et, en commençant la longue et stérile guerre des siéges, je trouvais en face l'Europe en armes, prête soit à disputer nos succès, soit à aggraver nos revers.

« Néanmoins, la difficulté de l'entreprise n'aurait ni ébranlé ma résolution, ni arrêté l'élan de mon armée, si les moyens n'eussent pas été hors de proportion avec les résultats à atteindre. Il fallait se résoudre à briser hardiment les entraves opposées par les territoires neutres, et alors accepter la lutte sur le Rhin comme sur l'Adige. Il fallait partout franchement se fortifier du concours de la révolution. Il fallait répandre encore un sang précieux, qui n'avait que trop coulé déjà ; en un mot, pour triompher, il fallait risquer ce qu'il n'est permis à un Souverain de mettre en jeu que pour l'indépendance de son pays.

« Si je me suis arrêté, ce n'est donc pas par lassitude ou par épuisement, ni par abandon de la noble cause que je voulais servir, mais parce que, dans mon cœur, quelque chose parlait plus haut encore : l'intérêt de la France.

« Croyez-vous donc qu'il ne m'en ait pas coûté de mettre un frein à l'ardeur de nos soldats, qui, exaltés par les victoires, ne demandaient qu'à marcher en avant?

« Croyez-vous donc qu'il ne m'en ait pas coûté de retrancher ouvertement, devant l'Europe, de mon programme, le territoire qui s'étend du Mincio à l'Adriatique? — Croyez-vous qu'il ne m'en ait pas coûté de voir, dans des cœurs honnêtes, de nobles illusions se détruire, de patriotiques espérances s'évanouir? »

X

La paix de Villafranca, que ratifia plus tard le traité de Zurich, étonna profondément l'Europe et fut diversement commentée. L'Italie, la plus directement intéressée dans la question, l'accueillit avec un sentiment d'amère déception; car l'Empereur avait déclaré qu'il fallait qu'elle fût *libre des Alpes à l'Adriatique* ! Mais en face de la révolution menaçante, il avait, suivant ses propres expressions « pour premiers mobiles, comme pour derniers juges : Dieu, sa conscience et la postérité. » La campagne d'Italie ne fut pas stérile pour la France ; elle lui valut (24 mars 1860) l'acquisition de trois nouveaux départements par l'annexion du comté de Nice et de la Savoie (1), justifiée par la nécessité de

(1) La Savoie forme le département de la Savoie (281,000 h. ; chef-lieu Chambéry), et le département de la Haute-Savoie (262,000 h. ; chef-lieu Annecy). Nice, avec une population de 189,764 âmes, forme le département des Alpes-Maritimes.

rectifier les limites de l'Empire du côté du royaume d'Italie, qui venait de s'augmenter de la Lombardie. L'Angleterre en prit ombrage et essaya de soulever quelques difficultés; mais le gouvernement des Tuileries laissa dire et passa outre, se vengeant des jalouses susceptibilités du cabinet de Saint-James, en lui prêtant le concours désintéressé de ses armes en Chine, où notre commerce est encore à peine représenté. Cette expédition lointaine, qui valut au général de Mautauban le titre de comte de Palikao, eut pour résultat la prise de Péking, l'incendie du palais d'été de l'empereur de Chine, la conclusion de la paix (26 octobre 1860) avec stipulation d'une indemnité de huit millions de taëls pour frais de guerre, et l'ouverture définitive de la Chine aux peuples de l'Occident ; car aujourd'hui la France est officiellement représentée à la cour de Péking ; en outre, les ambassades de la Cochinchine (mai 1861), et du Japon (avril 1862) envoyées à la cour des Tuileries, la soumission définitive du royaume d'Annam (14 avril 1863), et l'ouverture du port de Saïgon au commerce de l'Europe, sont des faits considérables qui marqueront dans l'histoire du xixe siècle, et honorent particulièrement le règne de Napoléon III.

C'est que partout où l'appelle son rôle civilisateur, sa sollicitude s'étend et agit au nom de l'humanité. En Syrie, le massacre des Maronites par les Druses (juin 1860), provoque de sa part des mesures énergiques; et après s'être entendu avec les grandes puissances, il envoie un corps expéditionnaire au secours des Chrétiens. « La France, dit-il, en passant en revue les troupes placées sous le commandement du général de Beaufort-d'Hautpoul, salue avec bonheur une expédition qui n'a qu'un seul but, celui de faire triompher les droits de la justice et de l'humanité. » Bientôt le drapeau français flotte sur les remparts de Beyrouth, et les massacres s'arrêtent. De leur côté, les autres puissances de l'Europe se concertent sur la ratification définitive des peuples du Liban. Mais en face de l'insufisance du délai accordé pour l'œuvre de réparation, la conférence de Paris examine de nouveau la question et proroge l'intervention de trois mois (du 5 mars au 5 juin 1861). Au bout de ce dernier délai et après le départ des troupes françaises, les appréhensions des chrétiens de la Syrie redoublent; et, tandis que la Russie déclare solennellement décliner toute responsabilité en cas de nouveaux massacres, notre gouvernement fait retentir par l'un de ses ministres, dans l'enceinte du Sénat, ces paroles remarquables : « Les actes signés et la dignité de la France nous font un devoir rigoureux d'exécuter loyalement la convention. S'il en résulte de nouveaux malheurs, ce n'est pas nous, mais d'autres qui en auront la responsabilité. Si la France ne se trompe pas dans ses prévisions, si ceux qui ne pensent pas comme elle se trompent le sang qui pourrait couler retombera sur eux En présence de ces invocations de la foi jurée, en présence d'un souverain qui, chez lui, et quelque faible qu'il puisse être, invoque son indépendance et se déclare en état de faire lui-même la police de ses provinces, nous ne pouvons faire qu'une chose, c'est de prendre l'Europe à témoin de nos craintes et de l'immense responsabilité qu'elle encourt... Ce n'est pas la France qui évacue ce malheureux pays, c'est l'Europe (15 mai 1861). »

Ici se présente la question mexicaine, la plus controversée, peut-être, malgré la gloire qui en a de nouveau rejailli sur nos armes. Nous croyons que le temps n'est pas venu de la juger sainement et à son véritable point de vue. Toutefois, si l'opinion publique semble s'être égarée sur les véritables causes de cette expédition, les résultats n'en méritent pas moins d'être signalés : des victoires à enregistrer dans nos annales ; un bâton de maréchal conquis par le général Forey ; l'influence française établie pour l'avenir, sur le sol américain, par la régénération d'un empire, dont le chef (1), en tenant son sceptre de Napoléon III, restera notre allié et notre ami.

A la suite viennent se grouper bien d'autres questions extérieures, plus graves assurément et d'une solution plus lointaine, sinon plus difficile, telles que la guerre fratricide des États-Unis, qui semble s'éterniser ; les aspirations unitaires de l'Allemagne et de la Scandinavie ; la décomposition de l'empire ottoman ; la Pologne, une fois encore comprimée dans ses efforts pour reconquérir son indépendance ; l'unification du royaume d'Italie, toujours empêchée par deux obstacles : la Vénétie et Rome ; double nœud gordien, que le temps plus que l'épée

(1) L'archiduc Maximilien, frère puiné de François-Joseph, empereur d'Autriche.

réussira à trancher, en dépit des illusions que pourrait faire naître la convention du 15 septembre 1864, survenue entre Napoléon III et Victor-Emmanuel II, relativement à l'évacuation de Rome par les troupes françaises, et à la translation de la capitale du royaume d'Italie à Florence. On ne peut nier, cependant, l'importance politique de cette convention, que les uns considèrent comme une halte de l'Italie dans la voie de l'unité, les autres comme une première étape vers la possession de Rome.

« Nous ne pouvons pas nous dissimuler, dit M. Eugène Forcade (1), qu'au fond la conséquence naturelle de la convention du 15 septembre, si elle est exécutée, c'est dans un temps donné la sécularisation des États de l'Église. Retirer nos troupes de Rome, c'est déclarer que la France ne fera plus obstacle à la séparation du pouvoir spirituel et du pouvoir temporel, si cette séparation s'accomplit toute seule sans être provoquée par des violences extérieures. En agissant ainsi, la France prend une position neuve et hardie qui nous paraît conforme aux

(1) *Revue des Deux-Mondes.*

tendances de la civilisation moderne. Cette perspective de la séparation finale du temporel et du spirituel dans le premier siége de la catholicité, doit infailliblement réagir sur notre politique intérieure. Le jour où, dans la personne de son chef, l'Église catholique sera séparée de l'État, l'État en France n'aura plus le droit de mettre aux libertés de l'Église ces limites spéciales exceptionnelles, qui étaient fixées par les concordats. La liberté de conscience réclamera toutes les libertés qui sont ses sauvegardes, et elle n'aura qualité pour invoquer ces libertés qu'au nom du droit commun. Pour que l'Église soit libre, il faudra que l'État le soit aussi. L'Église libre dans l'État libre deviendra le régime nécessaire de tous les peuples catholiques. »

La presse italienne, généralement favorable à ce traité (1), le juge en ces termes : « La con-

---

(1) L'influence, que la convention du 15 septembre 1864 peut avoir sur les destinées de l'Italie, nous fait un devoir d'en reproduire le texte, comme un document utile à l'histoire.

CONVENTION ENTRE LA FRANCE ET L'ITALIE.

« Leurs Majestés l'empereur des Français et le roi

vention du 15 septembre n'est pas seulement un grand acte diplomatique de la France, elle est encore une victoire du parti libéral, mettant fin à la politique inerte qui avait donné de si grandes

d'Italie, ayant résolu de conclure une convention, ont nommé pour leurs plénipotentiaires, savoir :

« Sa Majesté l'Empereur des Français :

« M. Drouyn de Lhuys, sénateur de l'Empire, grand'-croix de l'ordre impérial de la Légion-d'Honneur et de l'ordre des saints Maurice et Lazare, etc., etc., etc., son ministre et secrétaire d'Etat au département des affaires étrangères ;

« Et Sa Majesté le roi d'Italie :

« M. le chevalier Constantin Nigra, grand'croix de l'ordre des saints Maurice et Lazare, grand officier de l'ordre impérial de la Légion-d'Honneur, etc., etc., son envoyé extraordinaire et ministre plénipotentiaire près Sa Majesté l'Empereur des Français ;

« Et M. le marquis Joachim Pepoli, grand'croix de l'ordre des saints Maurice et Lazare, chevalier de l'ordre impérial de la Légion-d'Honneur, etc., etc., son envoyé extraordinaire et ministre plénipotentiaire près Sa Majesté l'empereur de toutes les Russies ;

« Lesquels, après s'être communiqué leurs pleins pouvoirs respectifs, trouvés en bonne et due forme, sont convenus des articles suivants :

« Art. 1er. L'Italie s'engage à ne pas attaquer le territoire actuel du saint-père, et à empêcher, même par la force, toute atteinte venant de l'extérieur contre ledit territoire.

espérances aux puissances du Nord et en signalant le début d'une nouvelle attitude du gouvernement impérial de France dans les questions internationales. Ce n'est pas là un jugement

« Art. 2. La France retirera ses troupes des Etats pontificaux graduellement et à mesure que l'armée du saint-père sera organisée. L'évacuation devra néanmoins être accomplie dans le délai de deux ans.

« Art. 3. Le gouvernement italien s'interdit toute réclamation contre l'organisation d'une armée papale, composée même de volontaires catholiques étrangers, suffisante pour maintenir l'autorité du saint-père et la tranquillité tant à l'intérieur que sur la frontière de ses Etats, pourvu que cette force ne puisse dégénérer en moyen d'attaque contre le gouvernement italien.

« Art. 4. L'Italie se déclare prête à entrer en arrangement pour prendre à sa charge une part proportionnelle de la dette des anciens Etats de l'Eglise.

« Art. 5. La présente convention sera ratifiée et les ratifications en seront échangées dans le délai de quinze jours, ou plus tôt si faire se peut.

« En foi et témoignage de quoi les plénipotentiaires respectifs ont signé la présente convention et l'ont revêtue du cachet de leurs armes.

« Fait double à Paris, le quinzième jour du mois de septembre de l'an de grâce mil huit cent soixante-quatre.

« (L. S.) *Signé.:* DROUYN DE LHUYS.
NIGRA.
PEPOLI. »

partiel. L'Europe entière s'accorde à reconnaître l'importance de la convention. La France, évidemment, concentre ses forces ; elle retire ses troupes du Mexique et la garnison de Rome ;

Protocole faisant suite à la convention signée à Paris entre la France et l'Italie, touchant l'évacuation des États pontificaux par les troupes françaises.

« La convention signée, en date de ce jour, entre LL. MM. l'empereur des Français et le roi d'Italie, n'aura de valeur exécutoire que lorsque S. M. le roi d'Italie aura décrété la translation de la capitale du royaume dans l'endroit qui sera ultérieurement déterminé par Sa dite Majesté. Cette translation devra être opérée dans le terme de six mois, à dater de ladite convention.

« Le présent protocole aura même force et valeur que la convention susmentionnée. Il sera ratifié, et les ratifications en seront échangées en même temps que celles de ladite convention.

« Fait double à Paris, le 15 septembre 1864.

« (L. S.) *Signé :* DROUYN DE LHUYS.
　　　　　　　　　　NIGRA.
　　　　　　　　　　PEPOLI.

DÉCLARATION.

« Aux termes de la convention du 15 septembre 1864 et du protocole annexe, le délai pour la translation de la capitale du royaume d'Italie avait été fixé à six mois à dater de ladite convention, et l'évacuation des États romains par les troupes françaises devait être effectuée dans

elle se rapproche de l'Angleterre, qui demandait avec instance la cessation de l'occupation de Rome ; elle aide l'Italie à sortir d'un état d'inaction qui l'empêche d'achever de s'organiser.

un terme de deux ans à partir de la date du décret qui aurait ordonné la translation.

« Les plénipotentiaires italiens supposaient alors que cette mesure pourrait être prise en vertu d'un décret qui serait rendu immédiatement par S. M. le roi d'Italie. Dans cette hypothèse, le point de départ des deux termes eût été presque simultané, et le gouvernement italien aurait eu, pour transférer sa capitale, les six mois jugés nécessaires.

« Mais, d'un côté, le cabinet de Turin a pensé qu'une mesure aussi importante réclamait le concours des chambres et la présentation d'une loi; de l'autre, le changement du ministère italien a fait ajourner du 5 au 24 octobre la réunion du Parlement. Dans ces circonstances, le point de départ primitivement convenu ne laisserait plus un délai suffisant pour la translation de la capitale.

« Le gouvernement de l'empereur, désireux de se prêter à toute combinaison qui, sans altérer les arrangements du 15 septembre, serait propre à en faciliter l'exécution, consent à ce que le délai de six mois pour la translation de la capitale de l'Italie commence, ainsi que le délai de deux ans pour l'évacuation du territoire pontifical, à la date du décret royal sanctionnant la loi qui va être présentée au Parlement italien.

« Fait double à Paris, le 3 octobre 1864.

« *Signé :* DROUYN DE LHUYS. »

L'*Europe* ne s'est pas trompée quant à la signification de l'engagement pris par le gouvernement français. Il ne saurait être douteux que la convention du 15 septembre n'est pas un fait isolé, mais un fait qui se rattache à l'exécution d'une plus vaste combinaison tendant à rompre les vieilles alliances et à en créer de nouvelles ; elle n'embrasse pas seulement la question vénitienne, mais encore les autres principales questions européennes. Enfin, elle prépare la voie à l'accomplissement, par des moyens indirects, de ce que l'on aurait voulu faire par un congrès européen. » (*L'Opinione* de Turin.)

XI

Ceci nous amène à parler de l'espoir que l'Empereur avait conçu, — et qui semble renaître, — de substituer définitivement la parole à l'épée, pour résoudre toutes les difficultés internationales.

Dans ce but, il eut l'initiative d'un congrès européen. Le discours, où il développa cette généreuse idée à l'ouverture de la session législative de 1863, est un chef-d'œuvre de style en même temps que de hardiesse et d'habileté politiques. Dans le plus magnifique des langages, l'auguste orateur aspirait à inaugurer franchement l'ère pacifique des destinées humaines; et, de même qu'il sera à sa gloire éternelle d'en avoir eu le premier la pensée, de même il est à la honte de la plupart des puissances étrangères d'avoir repoussé le seul moyen logique, en ce siècle, de fermer à jamais l'ère des luttes violentes. Habitués à considérer les allocutions de ce prince comme les plus claires explications de ses actes, toujours inspirés par une logique inflexible, nous leur avons fait de trop fréquents emprunts, pour laisser dans l'oubli cette page d'histoire, qui touche à toutes les questions à l'ordre du jour, au dedans comme au dehors, et dont quelques citations suppléeront d'ailleurs aux lacunes involontaires de notre récit :

« L'exposé de la situation intérieure, disait-il, vous montrera, que, malgré la stagnation forcée du travail dans certaines branches, le progrès ne s'est pas ralenti. Notre industrie a lutté avec avantage contre la concurrence étrangère, et, devant des faits irrécusables, les craintes suscitées par le traité de commerce avec l'Angleterre se sont évanouies...

« Les travaux publics ont été poursuivis avec activité. Environ mille kilomètres nouveaux de chemins de fer ont été livrés à la circulation. Nos ports, nos rivières, nos canaux, nos routes, ont continué à s'améliorer...

« Je dois vous signaler plusieurs réformes jugées opportunes, entre autres le décret relatif à la liberté de la boulangerie, celui qui rend l'inscription maritime moins onéreuse à la population des côtes, le projet qui modifie la loi sur les coalitions, et celui qui supprime les priviléges exclusifs pour les théâtres. Je fais également étudier une loi destinée à augmenter les attributions des conseils généraux et communaux et à remédier à l'excès de la centralisation.

« En Algérie, malgré l'anomalie qui soumet les mêmes populations, les unes au pouvoir civil, les autres au pouvoir militaire, les Arabes ont compris combien la domination française était réparatrice et équitable, sans que les Européens aient moins de confiance dans la protection du gouvernement.

« Nos anciennes colonies ont vu disparaître les barrières gênantes pour leurs transactions; mais les circonstances n'ont pas été favorables au développement de leur commerce. L'établissement récent d'institutions de crédit viendra, je l'espère, améliorer leur sort.

« Au milieu de ces soins matériels, rien de ce qui touche à la religion, à l'esprit et au moral n'a été négligé. Les œuvres religieuses de bienfaisance, les arts, les sciences et l'instruction publique, ont reçu de nombreux encouragements. Depuis 1848, la population scolaire s'est accrue d'un quart. Aujourd'hui, près de cinq millions d'enfants, dont un tiers à titre gratuit, sont reçus dans les écoles primaires; mais nos efforts ne doivent pas se ralentir, puisque six cent mille sont encore privés d'instruction. Les hautes études ont été ranimées dans les écoles secondaires, où l'enseignement spécial se réorganise...

« Certes, la prospérité de notre pays prendrait un essor plus rapide, si des préoccupations politiques ne venaient la troubler; mais dans la vie des nations se produisent des événements imprévus, inévitables, qu'elles doivent envisager sans crainte et supporter sans défaillance. De ce nombre sont : la guerre d'Amérique, l'occupation obligée du Mexique et de la Cochinchine, l'insurrection de Pologne.

» Les expéditions lointaines, objet de tant de critiques, n'ont pas été l'exécution d'un plan prémédité; la force des choses les a amenées, et cependant elles ne sont pas à regretter.

« Comment, en effet, développer notre commerce extérieur si, d'un côté, nous renonçons à toute influence en Amérique, et si, de l'autre, en présence des vastes territoires occupés par les Anglais, les Espagnols et les Hollandais, la France restait seule sans possessions dans les mers d'Asie ?

« Nous avons conquis en Cochinchine une position qui, sans nous astreindre aux difficultés du gouvernement local, nous permettra d'exploiter les ressources immenses de ces contrées et de les civiliser par le commerce.

« Au Mexique, après une résistance inattendue, que le courage de nos soldats et de nos marins a surmontée, nous avons vu les populations nous accueillir en libérateurs. Nos efforts n'auront pas été stériles, et nous serons largement dédommagés de nos sacrifices, lorsque les destinées de ce pays, qui nous devra sa régénération, auront été remises à un prince que ses lumières et ses qualités rendent dignes d'une aussi noble mission.

« Ayons donc foi dans nos entreprises d'outremer; commencées pour venger notre honneur, elles se termineront par le triomphe de nos intérêts, et si des esprits prévenus ne devinent pas ce que renferment de fécond les germes déposés pour l'avenir, ne laissons pas dénigrer la gloire acquise, pour ainsi dire, aux deux extrémités du monde, à Péking comme à Mexico.

« La question polonaise exige plus de développements.

« Quand éclata l'insurrection de Pologne, les gouvernements de Russie et de France étaient dans les meilleures relations; depuis la paix, les grandes questions européennes les avaient trouvés d'accord, et, je n'hésite pas à le déclarer, pendant la guerre d'Italie, comme lors de l'annexion du comté de Nice et de la Savoie, l'empereur Alexandre m'a prêté l'appui le plus sincère et le plus cordial. Ce bon accord exigeait des ménagements, et il m'a fallu croire la cause polonaise bien populaire en France pour ne pas hésiter à compromettre une des premières alliances du continent, et à élever la voix en faveur d'une nation, rebelle aux yeux de la Russie, mais aux nôtres héritière d'un droit inscrit dans l'histoire et dans les traités.

« Néanmoins, cette question touchait aux plus graves intérêts européens; elle ne pouvait être traitée isolément par la France. Une offense à notre honneur ou une menace contre nos frontières nous imposent seules le droit d'agir sans concert préalable. Il devenait dès lors nécessaire, comme à l'époque des événements d'Orient et de Syrie, de m'entendre avec les puissances qui avaient pour se prononcer des raisons et des droits semblables aux nôtres.

« L'insurrection polonaise, à laquelle sa durée imprimait un caractère national, réveilla partout des sympathies, et le but de la diplomatie fut d'attirer à cette cause le plus d'adhésions possible, afin de peser sur la Russie de tout le poids de l'opinion de l'Europe.

« Ce concours de vœux presque unanime nous semblait le moyen le plus propre à opérer la persuasion sur le cabinet de Saint-Pétersbourg.

« Malheureusement, nos conseils désintéressés ont été interprétés comme une intimidation, et les démarches de l'Angleterre, de l'Autriche et de la France, au lieu d'arrêter la lutte, n'ont fait que l'envenimer. Des deux côtés se commettent des excès, qu'au nom de l'humanité on doit également déplorer.

« Que reste-t-il donc à faire? Sommes-nous réduits à la seule alternative de la guerre ou du silence? Non.

« Sans courir aux armes comme sans nous taire, un moyen nous reste ; c'est de soumettre la cause polonaise à un tribunal européen. La Russie l'a déjà déclaré, des conférences, où toutes les autres questions qui agitent l'Europe seraient débattues, ne blesseraient en rien sa dignité.

« Prenons acte de cette déclaration. Qu'elle nous serve à éteindre, une fois pour toutes, les ferments de discorde prêts à éclater de tous côtés, et que, du malaise même de l'Europe, travaillée par tant d'éléments de dissolution, naisse une ère nouvelle d'ordre et d'apaisement !

« Le moment n'est il pas venu de reconstruire sur de nouvelles bases l'édifice miné par le temps et détruit pièce à pièce par les révolutions ?

« N'est-il pas urgent de reconnaître par de nouvelles conventions ce qui s'est irrévocablement accompli, et d'accomplir d'un commun accord ce que réclame la paix du monde ?

« *Les traités de* 1815 *ont cessé d'exister.* La force des choses les a renversés ou tend à les renverser presque partout. Ils ont été brisés en Grèce, en Belgique, en France, en Italie comme sur le Danube.

« L'Allemagne s'agite pour les changer; l'Angleterre les a généreusement modifiés par la cession des îles Ioniennes, et la Russie les foule aux pieds à Varsovie.

« Au milieu de ce déchirement successif du pacte fondamental européen, les passions ardentes se surexcitent, et, au Midi comme au Nord, de puissants intérêts demandent une solution.

« Quoi donc de plus légitime et de plus sensé que de convier les puissances de l'Europe à un congrès où les amours-propres et les résistances disparaîtraient devant un arbitrage suprême?

« Quoi de plus conforme aux idées de l'époque, aux vœux du plus grand nombre, que de s'adresser à la conscience, à la raison des hommes d'État de tous les pays et de leur dire :

« Les préjugés, les rancunes qui nous divisent n'ont-ils déjà pas trop duré ?

« La rivalité jalouse des grandes puissances empêchera-t-elle sans cesse les progrès de la civilisation ?

« Entretiendrons-nous toujours de mutuelles défiances par des armements exagérés ?

« Les ressources les plus précieuses doivent-elles indéfiniment s'épuiser dans une vaine ostentation de nos forces ?

« Conserverons-nous éternellement un état qui n'est ni la paix avec sa sécurité, ni la guerre avec ses chances heureuses.

« Ne donnons pas plus longtemps une importance factice à l'esprit subversif des partis extrêmes, en nous opposant par d'étroits calculs aux légitimes aspirations des peuples.

« Ayons le courage de substituer à un état maladif et précaire une situation stable et régulière, dût-elle coûter des sacrifices.

« Réunissons-nous sans système préconçu, sans ambition exclusive, animés par la seule pensée d'établir un ordre de choses fondé désormais sur l'intérêt bien compris des souverains et des peuples.

« Cet appel, j'aime à le croire, sera entendu de tous. Un refus ferait supposer de secrets projets qui redoutent le grand jour ; mais, quand même la proposition ne serait pas unanimement agréée, elle aurait l'immense avantage d'avoir signalé à l'Europe où est le danger, où est le salut.

« Deux voies sont ouvertes : l'une conduit au

progrès par la conciliation et la paix ; l'autre, tôt ou tard, mène fatalement à la guerre par l'ostentation à maintenir un passé qui s'écroule. »

« Les traités de 1815 ont cessé d'exister ! » s'est écrié Napoléon III. En effet, il ne faut pas se le dissimuler, son rêve avait dû être de voir se lever le jour où, neveu de Napoléon Ier, il pourrait jeter cette déclaration solennelle à la face de l'Europe. Ce rêve, il l'a caressé avec patience et réalisé avec un juste orgueil, vengeant ainsi la mémoire du vaincu de Waterloo, en même temps qu'il arrachait de notre histoire la page qui la souillait.

Certes, nous n'avons pas tout dit sur le prince qui nous gouverne ; mais nous ne pouvions tout comprendre dans les limites restreintes de cette étude. En passant en revue les phases principales de douze ans du règne « le plus rempli au dedans et au dehors, dans la paix et la guerre, dans l'administration et la diplomatie, dans les finances et les travaux publics, » nous avons dû laisser échapper quelques détails qui, dans un ordre inférieur, quoique important toujours, touchent à tous les problèmes sociaux et complètent l'ensemble merveilleux de l'œuvre impériale,

XII

Toutefois, il ne nous est pas permis de passer sous silence l'un des plus beaux titres de Napoléon III à la gratitude de la France et à l'admiration de la postérité. Nous voulons parler de Paris, rajeuni, embelli et considérablement agrandi par l'annexion des communes suburbaines qui avaient pour ceinture les fortifications. Non-seulement la Lutèce de César et de Julien l'Apostat, le Paris de Philippe-Auguste, de François Ier, de Louis XIV, compte aujourd'hui près de 1,600,000 âmes (1864); mais encore cette population se meut, s'agite et circule dans les larges et magnifiques artères de la cité la plus riche en monuments de toutes sortes. — Le Louvre réuni aux Tuileries; — l'achèvement du tombeau de Napoléon Ier; — la prolongation de la rue de Rivoli; — le palais de l'Industrie; — des églises; — le bois de Boulogne,

Vincennes, les Champs-Elysées et le parc Monceaux métamorphosés en promenades du dessin le plus pittoresque ; — des squares, créés sur tous les points de la ville comme autant d'oasis qui charment le regard et offrent de la fraîcheur et du repos aux habitants ; — les boulevards de Magenta, de Strasbourg, de Sébastopol, du Nord, du Prince-Eugène, de Saint-Marcel, du Faubourg-Saint-Germain, de Beaujon, de l'Alma, de l'Empereur, etc. ; — les Halles centrales ; — l'hôtel du Timbre ; — la restauration des bibliothèques publiques ; — les casernes Napoléon, du Prince-Eugène, etc. ; — l'agrandissement de l'École militaire, etc. — Tels sont, à vol d'oiseau, quelques-uns des gigantesques travaux qui ont préludé, comme sous la baguette magique d'un enchanteur, à la transformation complète et merveilleuse de cette capitale, que l'histoire appellera, un jour, le Paris de Napoléon III, de même qu'elle pourrait à bon droit caractériser ce siècle, en le surnommant le *siècle impérial*!

Ajoutons que le miracle de cette régénération archéologique se multiplie dans tous les grands centres de la France. Partout où, sous toutes les formes, le progrès a pénétré, moralisant et éclairant l'homme, partout il a développé les éléments de son bien-être physique, partout il a facilité la rude tâche de sa vie laborieuse par l'impulsion des travaux qui donnent à tous l'air, la lumière et la santé.

La grande industrie a pris également un essor jusqu'alors inconnu depuis que l'Empire a rendu au pays sa confiance et sa sécurité. Ainsi les chemins de fer se sont multipliés avec une prodigieuse rapidité ; les institutions de crédit, dont la France n'avait pas encore le génie au même degré que l'Angleterre, ont commencé de se créer ; l'agriculture, remise en honneur, comme dans les temps antiques, a maintenant ses comices, ses congrès, ses expositions et ses fêtes solennelles, qui ne contribuent pas peu à en propager le goût et l'amour. « Avant de développer notre commerce étranger par l'échange des produits, écrivait l'Empereur au ministre d'Etat, le 15 janvier 1860, il faut améliorer notre agriculture et affranchir notre industrie de toutes les entraves intérieures qui la placent dans des conditions d'infériorité. Aujourd'hui, non seulement nos grandes exploitations sont gênées par une foule de règlements restrictifs, mais encore le bien-être de ceux qui travaillent est loin d'être arrivé au développement qu'il a atteint dans un pays voisin. Il n'y a donc qu'un système général de bonne économie politique qui puisse, en créant la richesse nationale, répandre l'aisance dans la classe ouvrière. En ce qui touche l'agriculture, il faut la faire participer aux bienfaits des institutions de crédit, défricher les forêts situées dans les plaines et reboiser les montagnes, affecter tous les ans une somme considérable aux grands travaux de dessèchement, d'irrigation et de défrichement. Ces travaux, transformant les communaux incultes en terrains cultivés, enrichiront les communes sans appauvrir l'État, qui recouvrera ses avances par la vente d'une partie de ses terres, rendues à l'agriculture. Pour encourager l'industrie, il faut affranchir de tout droit les matières premières, et lui prêter, exceptionnellement et à un taux modéré les capitaux qui l'aideront à perfectionner son matériel. » En résumé, « suppression des droits sur la laine et sur les cotons; réduction successive sur les sucres et les cafés; amélioration énergiquement poursuivie des voies de communication ; réduction des droits sur les canaux, et, par suite, abaissement général des frais de transport ; prêts à l'agriculture et à l'industrie ; abolition prohibitif; traités de commerce avec les puissances étrangères, telles sont les bases du programme impérial. Déjà réalisé en partie par la création du Crédit foncier, l'augmentation du capital de la Banque, la conversion des rentes, les avances faites à l'agriculture pour l'introduction du drainage, il fut surtout mis en pratique par le traité (1) de commerce avec l'Angleterre. (FERD. HOEFER.) »

Terminons cette rapide étude par l'énumération complémentaire des actes qui ont signalé la phase impériale de 1853 à 1863 ; — Décret allouant quatre millions pour subventions aux travaux d'utilité communale, dans le but d'occuper les classes ouvrières (novembre (1853). — Deux nouveaux décrets qui ouvrent un crédit de quatre millions, pour subventions aux travaux d'utilité communale (7 février 1854). — Création d'une dotation au profit de l'armée ; avantages accordés aux réengagements ; aug-

(1) Signé le 23 janvier 1860, et ratifié par le Corps législatif le 4 février 1861.

mentation des pensions de retraite (avril 1855). — Décret portant que des aumôniers seront attachés à l'armée (mars 1854). — Décret relatif à l'établissement sur le domaine de la Couronne, à Vincennes et au Vésinet, de deux asiles pour es ouvriers convalescents ou qui auraient été mutilés dans leurs travaux (mars 1855). — Décret qui augmente le traitement des archevêques, évêques et vicaires-généraux (janvier 1853). — Décret qui augmente le traitement des aumôniers attachés aux hôpitaux militaires (janvier 1855). —Décret sur la décentralisation administrative en Algérie (décembre 1856). — Décret ordonnant l'exécution des dispositions testamentaires de Napoléon Ier (juin 1855). — D´cret relatif à la médaille commémorative de Crimée (1856). — Décret relatif à la médaille commémorative d'Italie (1859). — Décret d'amnistie générale pour crimes et délits politiques (16 août 1859). — Décret relatif au droit d'adresse accordé au Sénat et au Corps législatif (24 novembre 1860). — Décret sur le droit d'examen des dépenses exercé par le Corps législatif (12 novembre 1861). — Décret sur la comptabilité publique (31 mai 1862).

« L'empire, rétabli après plus de trente années de luttes, disait, en 1859, un écrivain, a conquis l'alliance de quelques-unes des plus vieilles monarchies, l'amitié des autres, l'estime de toutes. » Quoique cinq ans de plus n'aient pu que consolider l'édifice, l'histoire, assurément, ne dira son dernier mot sur ce règne que lorsque le temps aura placé à distance la grande figure de Napoléon III. Nous ne croyons pas nous tromper cependant, en disant que la postérité le rangera au nombre des souverains les plus illustres, au double point de vue de l'homme d'État et de l'écrivain.

Il possède, en effet, les qualités qui constituent la supériorité de l'*homme d'État* : la patience, la discrétion, l'énergie, unies à des instincts sûrs et honnêtes, à une intelligence incontestable des besoins de l'époque, à une connaissance profonde des hommes et des choses.

Écrivain, — ses discours, ses lettres, ses proclamations, ses livres, « modèles d'élévation et de style » ont fait dire à Béranger qu'il aurait voulu être de l'Académie pour donner sa voix à l'Empereur. »

Ses diverses œuvres ont été plusieurs fois

réunies. L'édition la plus complète a pour titre : *Œuvres de Napoléon III* (1854 1857, in 8º, t. 1 IV). On a en outre, sous le titre d'*Œuvres militaires de Napoléon III*, un volume à part, comprenant spécialement les écrits et fragments relatifs à l'artillerie (1856, in 8º). Enfin, malgré les graves préoccupations de la politique, ce prince a trouvé le temps de méditer et d'écrire une *Vie de Jules César*, dont le premier volume a paru au commencement de cette année.

FIN.

www.ingramcontent.com/pod-product-compliance
Lightning Source LLC
Chambersburg PA
CBHW051909160426
43198CB00012B/1814